JN457754

심플하고 똑똑한

식재료 보관법

심플하고 똑똑한

식재료 보관법

류무희·류경·이윤화 지음

CENGAGE

Andover • Melbourne • Mexico City • Stamford, CT • Toronto • Hong Kong • New Delhi • Seoul • Singapore • Tokyo

류무희
경기대학교 외식조리관리학 석사, 관광학 박사
호원대학교 호텔외식조리학과 교수

류경
연세대학교 식품영양학 학사, 석사, 급식경영학 박사
전 한국급식외식위생학회 회장
영남대학교 생활과학대학 식품영양학과 교수
대한영양사협회 부회장

이윤화
이화여자대학교 식품영양학 학사, 가정학교육 석사
식문화기업 (주)다이어리알 대표
이탈리안비스트로 시스트로 대표
저서: 『대한민국을 이끄는 외식 트렌드』, 『도쿄에 가면 요리가 있다』, 『지리산은 맛있다』

심플하고 똑똑한

식재료 보관법

초판 1쇄 인쇄 | 2019년 12월 23일
초판 1쇄 발행 | 2019년 12월 31일

지은이 | 류무희, 류경, 이윤화
발행인 | 송성헌
발행처 | 센게이지러닝코리아㈜
등록번호 | 제313-2007-000074호(2007.3.19.)
주　소 | 서울시 마포구 상암산로 76 YTN 뉴스퀘어 14층
전　화 | 02) 330-7000
이메일 | asia.infokorea@cengage.com
홈페이지 | www.cengage.co.kr

ISBN-13: 978-89-6218-464-8

정가 18,000원

머리말

음식물 쓰레기로 인한 환경오염이 심각한 상황에서, 구매한 식재료를 잘 보관하는 것은 낭비 없는 식재료 관리의 측면에서 누구나 바라는 바이다. 지속 가능한 지구 살리기의 첫걸음은 식재료 생산과 소비에서 자연을 덜 훼손하여 더불어 사는 삶에 집중하는 것이다. 식재료의 보관은 좋은 환경을 후세에 물려주기 위한 노력의 일환이다. 구매한 식재료를 현명하게 보관하는 것은 식품의 영양 손실을 막고 식재료를 낭비하지 않아 각 가정에서 반드시 생활화해야 하는 실천적 문제이다.

1인 가구가 급속히 증가하는 현실에서 최소량의 신선한 식재료를 구매한다고 해도 보관에서 실패하면 소용이 없다. 식재료를 현명하게 구매하여 똑똑하게 보관하고 남김없이 소비하는 것을 목표로 한 이 책은 누구나 알기 쉽게 참고할 수 있으리라 본다.

건강한 식생활은 식재료의 구매와 보관에서 시작된다. 특히 사계절이 뚜렷한 한국에서는 제철 식재료를 활용한 음식 섭취가 예로부터 음식 문화로 자리 잡고 있다. 잘 참고하여 맛나고 멋스런 음식 준비에 소중한 도움이 되었으면 한다.

이 책이 발간되도록 애써주신 여러분들께 마음 모아 감사드린다.

2019년 12월

저자 일동

식재료가 상하는 원인과 보관 방법

식재료가 상하는 원인에는 미생물, 햇빛, 공기 중의 산소, 온도, 습도, 에틸렌 가스 등이 있다. 각 식재료마다 상하기 취약한 원인을 파악하여 그 원인을 제거하고 최적의 방법으로 보관한다.

- 미생물 : 식품이나 식재료에 세균, 곰팡이 등이 증식하여 부패한다. 미생물은 조금만 존재해도 조건이 호전되면 급속히 증식한다. 세균은 일반적으로 30~35℃, 곰팡이는 20~25℃에서 증식하기 쉬우므로 특히 여름에는 실온에 방치하지 말고 냉장이나 냉동 보관해야 한다. 곰팡이는 대개 건조하거나 진공포장하면 증식을 방지할 수 있다.
- 햇빛 : 채소는 일반적으로 직사광선에 의해 변색하거나 빨리 상한다. 열과 빛을 동시에 차단하는 냉암소*나 냉장고에서 보관한다.
- 산소 : 산소와 접촉하면 산화되어 부패 속도가 빨라진다. 산소 차단을 위해 진공 포장하여 보관한다.
- 온도 : 식품과 식재료에 따라 고온이나 저온에 알맞게 보관하도록 한다.
- 습도 : 일반적으로 식품과 식재료는 습도가 높을수록 보관 중 상하기 쉽다.
- 에틸렌 가스 : 숙성을 촉진시키는 가스로 채소와 과일류에서 발생한다.

위의 조건들을 고려하여 각각의 식품이나 식재료에 적합한 보관 방법을 실행하면 보관 기간을 늘릴 수 있다.

* 냉암소(冷暗所): 햇볕이 들지 않는 서늘한 곳

표_ 상하는 원인에 따른 보관 방법

원인	미생물	햇빛	산소	온도	습도	에틸렌 가스
제거	끓임	차단, 식재료에 따른 적합한 환경	차단, 진공 팩	급냉, 식재료에 따른 적합한 온도	제거, 습기 보존과 건조	제거
보관법	냉장, 냉동	햇볕이 들지 않는 곳, 냉장, 냉동	상온, 냉장, 냉동, 절임	저온, 냉장, 냉동	키친타월로 감싼 후 지퍼백 포장, 건조	햇볕이 들지 않는 곳, 냉장
보관 예	시금치 등의 엽채류	양파, 감자 등의 서류	지방이 많은 버터류와 오일류	노화에 약한 떡류	허브류	과일류

식재료 보관에 편리하게 사용되는 용품

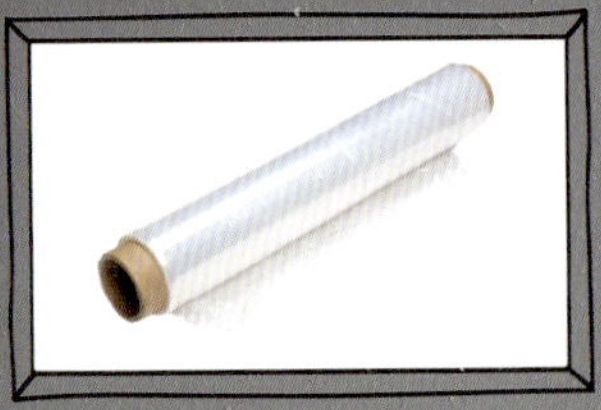

랩

제조회사에 따라 식재료와의 밀착도, 통기성, 열과 저온에 견디는 정도에 차이가 있다. 식재료에 잘 밀착되어 쌀 수 있고 냉동실에서도 바스러지지 않는 것을 선택한다.

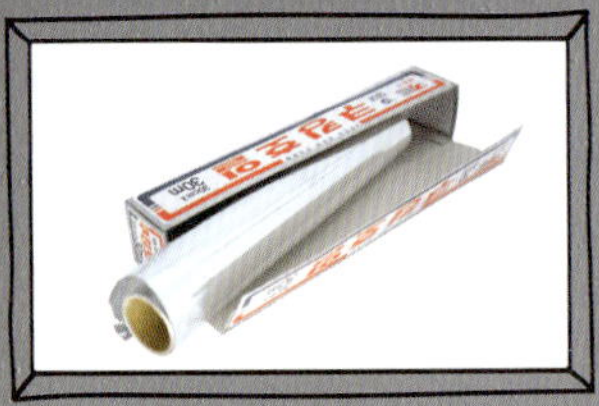

알루미늄 포일

빛과 공기를 차단하고, 열전도율이 좋아 급냉 시 사용한다.

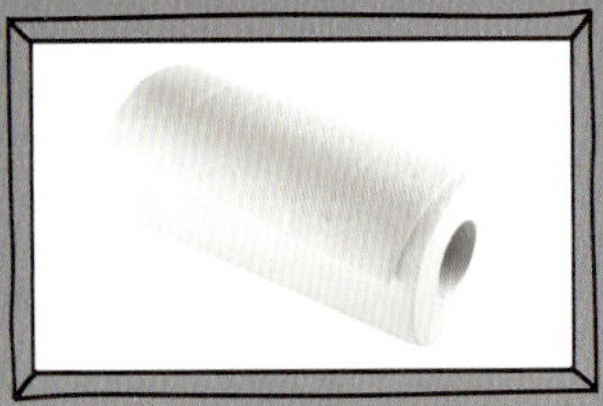

키친타월

저온에 약한 채소를 싸서 냉장고의 채소실에 넣거나 건조에 약한 채소를 싸서 상온 보존 시 사용한다. 채소, 육류, 생선 등은 물기를 머금은 채로 감싸면 상하기 쉽다.

플라스틱 보관 용기

형태, 크기, 깊이에 따라 다양하게 사용할 수 있어서 편리하다. 투명한 것은 뚜껑을 열어 내용물을 확인하지 않아도 되어 편리하다. 전자레인지 사용 가능 용기는 그대로 해동하거나 데울 수 있다. 내용물이 부서지지 않게 옮길 수 있어 편리하다.

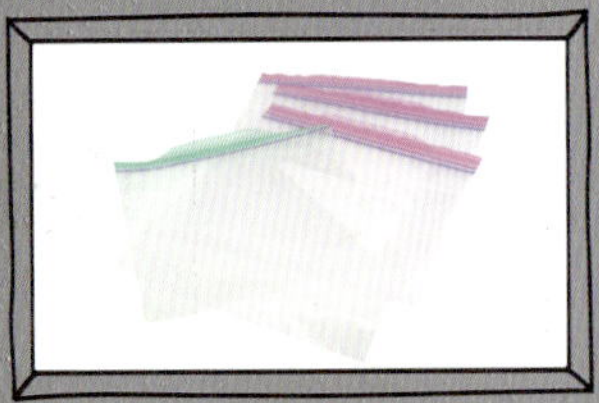

비닐백, 지퍼백

식재료를 넣는 비닐봉지는 지퍼가 달린 것과 달리지 않은 것이 있으며, 용도에 맞게 선택하여 사용할 수 있다. 지퍼가 달린 것은 냉장, 냉동 보관 시 입구를 확실하게 봉할 수 있어 편리하다.

유리병

소금, 식초, 오일, 설탕 등을 이용한 절임 용기로 적당하며, 식재료의 맛이 스며들지 않고, 재활용이 가능하여 환경을 생각할 때 최적의 용기이다. 비닐백에 비해 무겁고 부피를 차지하며 다룰 때 깨지지 않게 주의해야 한다.

건조제

식품의 습기를 흡수하는 용도로 포장 용기 내에 넣거나 부착하여 사용한다. 발효식품, 가공식품, 곡류 등의 포장 용기 내에 사용한다.

스프레이

건조를 방지하기 위하여 채소를 감싼 키친타월에 수분을 뿜을 때 사용하면 편리하다. 수분 양을 조절하기 쉽다. 냉동시킨 식빵을 구울 때 수분을 뿜어 사용한다.

소쿠리

뿌리채소, 서류나 허브 등을 건조 보관할 때 사용하면 편리하다. 청결을 유지하여 교차오염이 되지 않도록 알코올로 소독하여 사용한다.

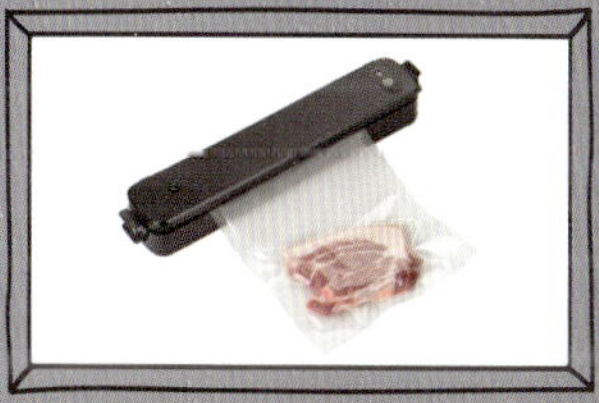

가정용 식품건조기

채소나 과일을 소쿠리에 말리는 대신 건조시켜 저장하기에 편리하다. 냉장고에 보관하지 않고 점점 간소화되고 있는 현대인의 식습관에 따라 간편하게 건조시켜 오래 두고 먹을 수 있다. 타이머 스위치를 조절해 시간이나 온도를 조절할 수 있어 다양한 식품을 맛과 풍미를 살려 간편하게 말릴 수 있다.

가정용 식품 진공포장기

포장 주머니나 통 안을 진공 상태로 만들어 포장하는 기계로 식재료의 수분을 유지해주고 보관 기간도 연장할 수 있다.

금속 쟁반

씻어서 재활용할 수 있는 채소 전용 비닐봉지, 고기나 생선 전용 탈수 시트, 탈산소제, 냉기 전달이 빠른 금속 쟁반 등을 사용하면 편리하다.

이 책의 구성

식품명 식재료명

제철 · 원산지 가장 많이 생산되는 시기(월), 식재료의 산지와 국가명

특징 식재료 설명, 일반적인 영양성분과 효과 설명

고르는 요령 구매 시 필요한 지식

보관 방법

상온

보관 기간/보관 온도 계절에 따라 기온이 다른데, 일반적인 상온은 15~25°C로 직사광선과 습도가 낮은 곳을 말한다.

보관 예 일반적으로 서류나 흙 묻은 뿌리채소, 저온 상해를 입는 토마토나 오이 등은 키친타월에 싸서 골판지 상자에 늘어놓고 뚜껑을 열어둔다. 대파나 우엉은 종이백에 넣어 세워서 보관하고, 마늘이나 양파는 망에 넣어 매달아 보관한다. 바나나도 걸어 보관한다. 가지는 키친타월에 싸서 바구니에 담아 보관한다. 장마나 여름철에는 냉장고의 채소실에 보관한다.

냉장

보관 기간/보관 온도 냉장실은 0~5°C로 엽채소나 버섯류를, 채소실은 5~10°C로 저온 상해를 입는 여름 채소나 과일을, 저온 냉장실은 0°C로 얼리고 싶지 않은 식재료를, 부분실은 −3°C로 고기나 어패류를 보관한다.

보관 예 마른 키친타월에 싼 후 비닐봉지에 넣어 가볍게 입구를 봉하여 세워서 보관한다. 시금치 같은 잎채소, 버섯류, 햇양파, 씻은 당근이나 우엉, 고기나 생선은 수분을 완전히 제거 후 보냉제를 올려 냉장한다.

냉동

보관 기간/보관 온도 냉동실은 일반적으로 −18°C로 신선한 식재료를 가능한 한 급냉하는 것이 보관 팁이다.

보관 예 냉동용 지퍼백의 공기를 뺀 후 급속 냉동한다. 소금을 뿌리거나 가열 처리해 수분을 뺀 후 급속히 냉동하여 식감과 영양소를 유지한다. 해동 요령은 냉장고 안에서 해동하거나, 흐르는 물에서 해동하거나, 전자레인지로 해동하는 방법이 있다.

절임	**보관 기간/보관 온도** 소금, 식초, 설탕, 오일 등을 이용하여 절인다. **보관 예** 신선한 상태나 말린 상태로 올리브유에 절인다. 소금에 절이면 장기 보관 가능하다. 재래식 방법으로 간장, 된장이나 고추장에 절이는 방법도 있다. 피클 등은 식초에, 올리브나 치즈 등은 오일에 절인다.
건조	**보관 기간/보관 온도** 수분이 적은 뿌리채소, 과일, 서류, 버섯, 허브 등을 자연 건조시키거나, 가정용 건조기를 이용한다. **보관 예** 가지를 거꾸로 하여 그늘에서 말리며 건조하면 잎이 떨어지므로 종이봉투를 밑에 받쳐 말린 후 지퍼백에 넣어 진공 상태로 냉장실에 보관한다.
더 알아보기	보관 방법 더 알아보기, 식재료에 대한 여러 가지 질문
추천메뉴	식재료를 이용한 추천메뉴
보관 TIP	보관 방법 제안

페퍼민트

제철 : 여름~가을(6~9월) **원산지** : 한국

진정 작용이 있어 편두통, 스트레스 해소에 효과적이며 해열, 항통증, 졸음 방지와 소화불량에 탁월하다.

고르는 요령

생페퍼민트는 신선한 잎을 고르고, 건조시킨 것은 보관 기간을 확인한 후 구매한다.

보관 방법

상온

보관 기간 : 2~3일. 상온 보관은 권장하지 않는다.

냉장

보관 기간 : 1주. 키친타월에 싼 후 비닐봉지에 넣어 냉장 보관한다.

냉동

보관 기간 : 1개월. 소포장으로 나누어 랩으로 싼 후 냉동용 지퍼백에 넣어 공기를 빼서 보관한다.

건조

보관 기간 : 1개월. 잎끝을 따서 말린다. 뭉쳐서 말리면 곰팡이가 생기므로 펼쳐서 말린다.

절임

보관 기간 : 1개월. 유리병에 꿀과 함께 넣어 보관한다.

보관 TIP 오일로 만들어 보관하면 사용에 편리하다.

더 알아보기

꿀에 절이거나 허브티로도 마신다. 절인 페퍼민트는 홍차나 디저트로 사용한다.

민트의 종류?

민트는 페퍼민트, 스페어민트, 애플민트, 페니로열민트 등이 있으며, 그중 페퍼민트는 차로 즐겨 먹으며, 약초로도 많이 사용된다. 다른 민트보다 톡 쏘는 향과 맛이 강해 다용도로 사용되며, 뒷맛이 깔끔하기 때문에 다양한 음식에 활용된다.

추천메뉴 페퍼민트 차

가공식품
132

안전하게 식품 장 보는 법 – '60분'

- 식재료가 상온에서 1시간 이상 노출되면 세균의 수가 급속히 늘어난다. 특히 여름 날씨에는 식중독 발생 우려가 높아 장 볼 때 많은 주의가 필요하다.
- 이에 따라 식품의약품안전처에 따르면, 장을 볼 때에는 60분 이내에 식품 구입을 마치도록 권장하고 있다.
- 식재료는 상온 보관 식품부터 냉장 · 냉동식품, 육류, 어패류 등의 순서로 구입하도록 한다.

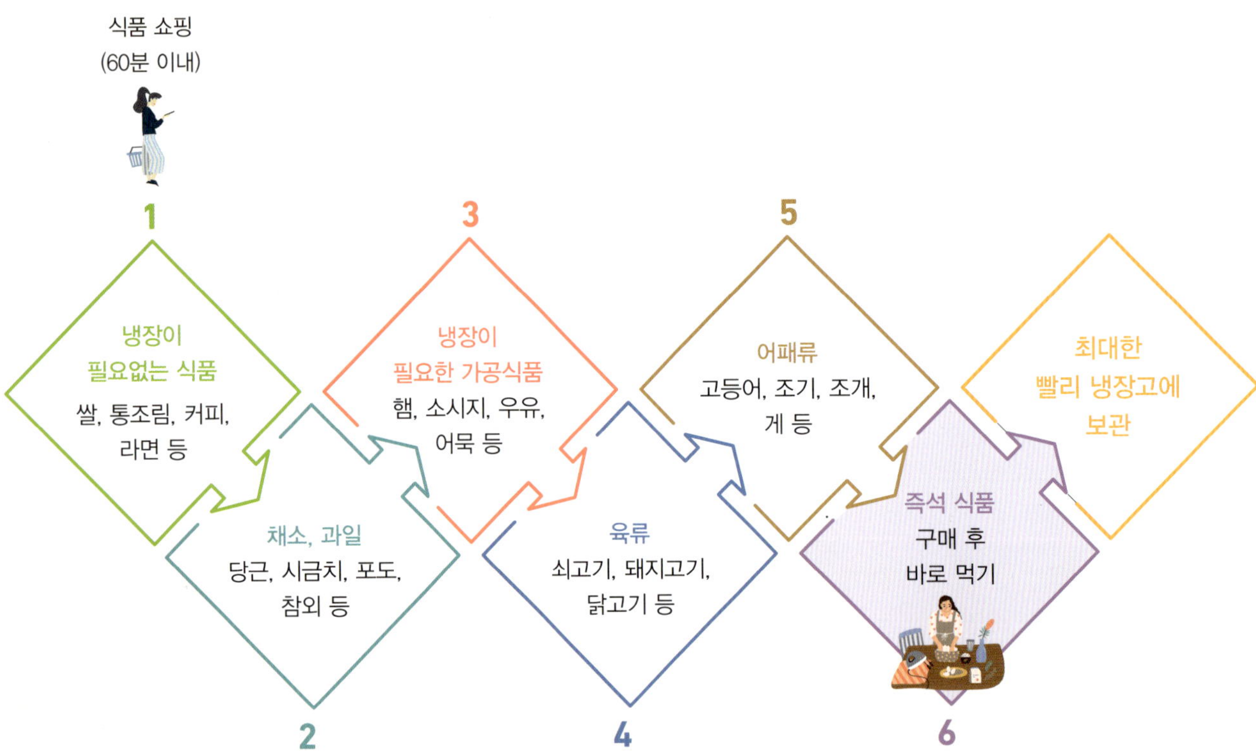

▶ 집까지 30분 이상 걸린다면 온도에 따라 제품이 상할 수 있는 냉장 · 냉동식품, 육류, 어패류 등은 아이스박스나 아이스팩을 이용한다.

출처: 식품의약품안전처

차례

01 육류

02 수산 식품

03 채소

04
과일

05
우유 및 유제품, 달걀, 콩 제품

06
곡류 및 서류

07
가공식품

08

양념류

그 외 양념류

심플하고 똑똑한 식재료 보관법

01

육류

쇠고기, 돼지고기,
양고기, 닭고기,
식육가공품(햄 · 소시지 · 베이컨)

쇠고기

제철 : 일 년 내내　원산지 : 한국, 미국, 호주

단백질, 칼륨, 아연, 나이아신, 비타민 B_{12}의 우수한 공급원이며, 철, 인, 포화지방산, 콜레스테롤 함량이 다소 높다.

고르는 요령

나라마다 부위와 명칭, 등급의 차이가 있지만 부드러운 부위가 고급이며, 가격이 비싸다. 진열장에 비치되어 있는 식육 판매 표시판에서 사고자 하는 부위명과 용도, 고기의 등급, 100g당 가격, 원산지와 품종, 냉장육 여부를 확인한다. 냉동, 해동 과정을 거치지 않고 냉각시킨 고기가 맛이 좋다.

보관 방법

냉장

보관 기간 : 2일. 김치냉장고나 냉장고 신선 칸에 랩이나 진공포장기를 이용해 최대한 공기를 빼고 보관한다.

냉동

보관 기간 : 1개월. 덩어리째 보관하지 말고 1회 먹을 분량씩 소량 포장하여 보관한다. 해동할 때는 가급적 냉장고를 이용하여 물방울이 떨어지는 것을 최소화한다.

보관 TIP 구입 시 냉동보다 냉장 고기 품질이 좋으므로 적당량을 구매하여 냉장 보관하는 것이 좋다.

더 알아보기

마블링?

쇠고기의 근육 내 지방 부위인 마블링(marbling)은 질감을 더 부드럽게 하고, 풍미나 촉촉함을 더 한다. 마블링은 가열 중 일부가 녹아 지방 함량이 감소된다. 그 외에도 나이, 성별 등 많은 요인이 영향을 미친다.

쇠고기 등급 제도와 국내산 한우?

- 등급은 육량과 육질 등급으로 판정한다. 1^{++}A(일투플러스에이)등급이 최상의 등급이며 3C(삼시)등급이 가장 하위 품질이다. 등외는 D등급이다. 육질 등급은 근내지방도, 육색, 지방색, 조직감, 성숙도에 따라 1^{++}, 1^{+}, 1, 2, 3의 5개 등급으로 구분한다. 수입산은 프라임(prime), 초이스(choice), 셀렉트(select), 스탠더드(standard)로 구분되며, 프라임이 가장 고급육이다.
- 원산지는 국내산과 수입산으로 구분된다. 국내산은 한우, 젖소, 육우로 구분하며 국내산이 모두 한우는 아니다. 육우는 국내산으로 표시하고, 뒤의 괄호 안에 쇠고기의 종류 및 수입 국가명을 함께 표시한다. 예를 들어, '소갈비 국내산(육우, 호주산)'이라고 표기한다.
- 지방산 중 단일불포화지방산의 일종인 올레인산 함량이 쇠고기 맛을 좌우한다. 한우는 올레인산 함량이 높아 미국산, 호주산보다 맛이 좋게 느껴진다.

추천메뉴 쇠고기 양송이 카레볶음

부위별 특징 및 용도

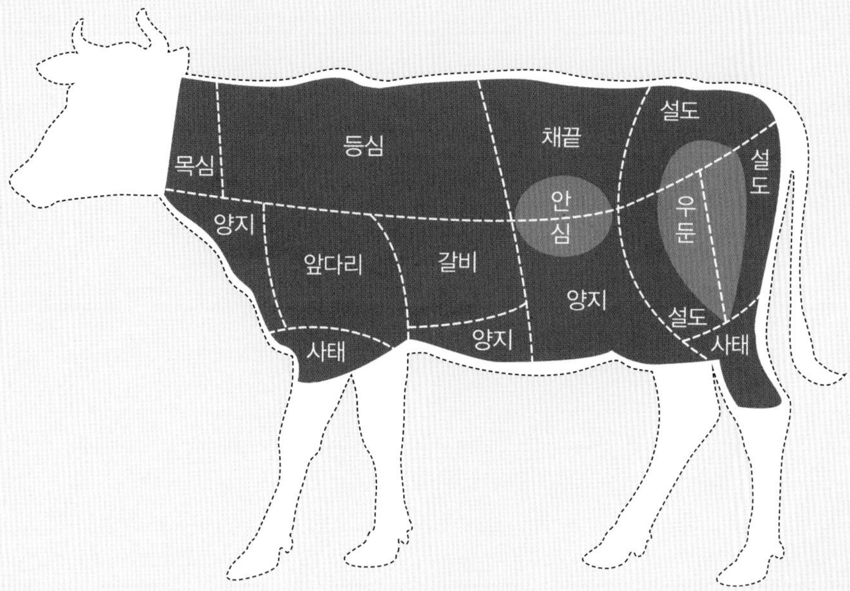

출처: 농림축산식품부

- 안심 : 등심 안쪽, 채끝 밑부분에 위치한 부위로 가장 부드럽다. 최고급 스테이크 재료이며, 구울 땐 겉면만 살짝 익혀야 한다.
- 등심 : 갈비 위쪽에 붙은 살로 안심, 채끝과 상급 부위로 나누어지며, 등심은 윗등심, 꽃등심, 아랫등심, 살치살로 구분된다. 육질이 연하고 육즙이 풍부하며, 지방이 적당해 맛이 좋다. 육질이 좋을수록 생등심 구이나 스테이크로 이용한다.
- 채끝 : 등심 끝과 이어진 부위로 안심을 에워싸고 있는 부분이다. 등심보다 지방이 적고 부드러우며 고소한 풍미를 가져 최고 등급 부위로 평가된다.
- 부채살 : 앞다리 위쪽 부분인데, 단일 근육으로 지방이 적고 육즙이 풍부해 구이로 이용한다. 가느다란 힘줄이 있어 약간 질기지만 감칠맛을 지닌다.
- 우둔살 : 엉덩이 안쪽에 위치한 살코기로 뒷다리 부위 중 가장 연하고 담백한 맛을 낸다. 지방이 거의 없는 살코기로 육회와 불고기, 주물럭, 산적 등에도 적합하다.
- 차돌박이 : 소의 앞가슴 갈비뼈 아래쪽 부위로 희고 단단한 지방질을 포함하고 있으며 결이 거친 편이고, 지방이 단단하여 얇게 썰어 샤브샤브나 구이용으로 사용한다. 지방의 맛과 향이 고소하고 식감도 좋다.

돼지고기

제철 : 일 년 내내　**원산지 :** 한국, 멕시코, 미국, 독일, 칠레, 캐나다

단백질과 비타민 B군인 B_1, 리보플라빈, 나이아신, B_6, 철분이 풍부하다. 필수지방산인 리놀렌산이 충분히 함유되어 있어 뇌 활동을 원활하게 한다.

고르는 요령

좋은 돼지고기는 촉촉하고, 선명한 붉은색을 띤다. 지방층이 하얗고 단단한 것이 좋다.

보관 방법

냉장

보관 기간 : 2일. 얇게 썬 고기는 산화에 취약하므로 진공포장 후 냉장 보관한다. 고기에 소금이나 허브를 뿌린 후 청주 등의 술을 조금 부어 밀폐 용기에 담아 보관하면 고기 특유의 냄새 제거와 보관 기간을 연장하는 효과를 볼 수 있다.

냉동

보관 기간 : 1개월. 냉동용 지퍼백에 넣어 보관하되, 표면에 식용유를 발라 보관하면 수분 증발을 막고, 해동 시 육즙이 덜 빠진다. 덩어리째 보관하지 말고 소량씩 나누어 랩으로 싸서 보관하여 해동과 재냉동을 방지해야 한다.

보관 TIP 가공품인 소시지, 베이컨, 햄 등은 장시간 보관 가능하다. 고기를 여러 장 겹쳐서 보관하면 겹친 부분의 색이 검게 변하므로 고기 사이에 랩이나 비닐을 끼워서 보관하는 것이 좋다.

더 알아보기

돼지고기의 영양가와 지방?

돼지고기의 영양가는 부위별 지방 존재 유무에 따라 결정된다. 흔히 생각하는 것과 달리 지방이 적은 살코기 부위는 조리 후 오히려 다른 육류에 비해 지방과 열량이 낮은 편이다. 돼지고기의 지방 부위는 육안으로 쉽게 구분할 수 있어 제거하기 용이하다. 돼지고기는 종에 따라 지방 함량에 차이가 있고, 수송이나 도살 조건에 따라 품질에 차이가 난다. 돼지고기는 계속 가열하면 건조하고 단단해지는데 낮은 온도에서 가열하는 것이 풍미, 육즙, 부드러움을 유지하는 데 좋다. 돼지고기 분쇄육은 쉽게 변질되므로 단기간 내에 사용해야 한다.

수육 맛있게 삶는 법?

10~30분간 찬물에서 핏물을 제거한 후 삶아야 누린내가 나지 않는다. 뜨거운 물에서 향신료를 넣고 찜기 등으로 살짝 데친 후 낮은 온도에서 서서히 삶아야 부드럽다.

추천메뉴 돼지고기 채소 꼬치구이

부위별 특징 및 용도

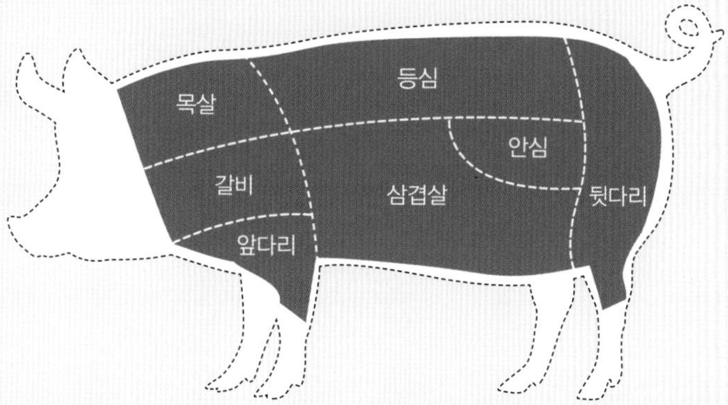

출처: 농림축산식품부

- 목살 : 지방과 살코기의 비율이 가장 좋으며, 연한 분홍색을 띠며 윤기가 나고 탄력이 있다. 삼겹살보다 지방 함량이 적다.
- 삼겹살 : 국내산은 엷은 선홍색을 띠며 윤기가 난다. 지방 색이 희고 단단하며 잘린 단면이 고르고, 수입산에 비해 비교적 두껍다.
- 갈비 : 특유의 감칠맛이 있고, 뼈가 붙은 등갈비와 뼈가 없는 갈빗살로 구분된다. 갈빗살은 구이나 양념요리, 등갈비는 찜이나 바비큐로 이용한다.
- 안심 : 가장 부드러운 부위로 마블링이 없는 살코기 부위다. 연한 분홍색을 띠는 것이 신선하다.
- 등심 : 안심보다 지방층이 약간 혼합된 부위로 질감이 쫄깃하다.
- 앞다리 : 색이 진하고 질기며 다소 거칠어 얇게 썰거나 다진 요리에 적합하다. 불고기, 수육, 보쌈에 이용한다.
- 뒷다리 : 지방이 적고 육질이 섬세하며 조직이 치밀하다. 주로 사태찜용으로 이용한다.

양고기

제철 : 일 년 내내　**원산지 :** 한국, 호주, 뉴질랜드

단백질, 철, 칼슘, 아연, 인, 비타민 B군이 풍부하다. 다른 육류에 비해 열량과 콜레스테롤 함량이 적다.

고르는 요령

빛깔이 밝고 광택이 있으며, 적당량의 지방을 함유한, 백색의 것이 좋다.

보관 방법

냉장

보관 기간 : 3일. 냉장할 경우, 지퍼백에 담아 보관한다.

냉동

보관 기간 : 8~10개월. 냉동할 경우, 1회 섭취할 만큼씩 담아 보관한다. 분쇄육은 표면적이 크고 육즙에 의해 미생물이 빨리 증식하므로 보관 기간은 2~3개월로 짧다.

보관 TIP 다른 육류와 마찬가지로 바로 먹지 않을 경우, 냉동 보관해야 한다.

더 알아보기

다 자란 양의 고기인 머튼(mutton)은 1년 이하의 어린 램(lamb)보다 지방이 많고 열량이 높으며 향이 짙어지므로 최근 그 소비량이 줄고 있다. 지방 부위의 구분이 가시적으로 분명하여 쉽게 제거할 수 있다. 다리, 갈비, 등심 부위가 어깻살보다 지방이 적다. 뼈 상태, 지방, 살코기의 색으로 머튼과 램의 구분이 가능하다.

양고기 냄새 제거 방법?

요리 3~4시간 전에 고추장, 생강, 후추, 겨자, 민트, 로즈메리, 레몬 등으로 조미하여 양념에 재어 놓는다. 오랜 시간 재면 냄새가 난다. 아랍이나 북아프리카 지역에서는 피를 빼고 가열하여 조리한다.

추천메뉴 양고기 스테이크

부위별 특징 및 용도

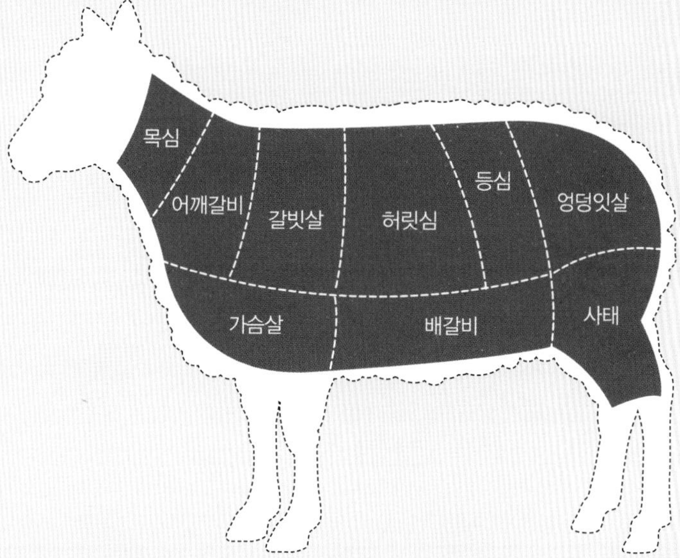

출처: 농림축산식품부

- 갈비 : 몸통의 앞과 중간 부분으로, 갈비 부위 중 눈 근육에 가까운 부위는 부드러운 육질을 가지고 있어 품질이 좋다. 갈비뼈에서 고기를 발라내고 기름을 제거한 갈비는 주로 스테이크, 구이로 이용하거나 기름을 살짝 발라 튀기거나 구워 먹는다.
- 다리 : 뒷다리와 엉덩이 부분으로, 둘레와 살 안쪽에 소량의 지방이 있어 다양한 방법으로 손질이 가능하고, 부드러워 구이, 스테이크, 튀김, 볶음 등으로 활용한다.
- 허리 : 엉덩이의 중간 부분부터 밑부분이며, 양쪽 안심과 허리 부위로 분류된다. 안심 부위는 부드럽고 스테이크로 이용한다.
- 어깻살 : 육질이 질겨 장시간 조리하는 스튜, 찜 등에 적합하며 잘게 분쇄하여 가루로 만들어 조미용으로 사용한다.
- 정강잇살 : 앞 · 뒷다리 가장자리의 뼈에 붙어있고 육즙이 풍부해 최상급 구이 혹은 볶음요리에 사용한다. 살코기가 뼈에서 분리되기 시작할 때까지 장시간 끓여내는 것이 특징이다.

닭고기

제철 : 일 년 내내　**원산지 :** 한국, 브라질

닭고기는 돼지고기 다음으로 우리나라 사람들이 많이 먹는 육류이다. 쇠고기나 돼지고기에 비해 포화지방산 함량은 적고, 필수지방산의 함량은 더 높으며, 무기질 함량은 유사하다. 지방 함량은 가슴살과 넓적다리에는 비교적 낮지만 날개에는 껍질을 포함하므로 높다. 단백질은 가슴, 넓적다리, 날개 순서로 높다.

고르는 요령

껍질이 크림색을 띠면서 살이 선홍빛을 내며 두툼한 것이 좋다. 손으로 만졌을 때 촉촉할 만큼 수분이 있고 탄력 있는 것을 고르며, 믿을 수 있는 생산업체인지 확인한다.

보관 방법

냉장

보관 기간 : 1~2일. 다른 육류에 비해 보관 기간이 짧으며, 가급적 구입 직후 바로 섭취해야 한다. 국내산 닭고기는 주로 신선육(냉장)으로 유통되며 냉동(수입)에 비해 맛이 더 좋다.

냉동

보관 기간 : 1개월. 한 번에 먹을 양만큼 밀폐 용기나 지퍼백에 잘 싸서 보관한다.

보관 TIP 닭고기는 수분이 많아 다른 육류에 비해 더 쉽게 상하므로 바로 섭취하지 않으면 냉동 보관하는 것이 좋다. HACCP 마크가 있는 닭고기는 위생적으로 손질되어 포장된 것이므로 구입 후 세척하지 않는다.

더 알아보기

닭고기의 부위별 보관법?

닭가슴살은 다른 육류에 비해 수분이 많아 더 쉽게 상하므로 냉동 보관하는게 좋다. 냉동하게 되면 수분 손실로 맛이 없어지므로 얼음물에 넣어 급속냉각한 후 랩으로 잘 싸서 보관한다. 지방이나 힘줄은 제거하고 뼈를 발라 먹기 좋게 보관한다. 닭다리는 밑간을 하여 보관하면 냉동 중 양념이 고기에 스며들어 부드러워진다.

닭고기 튀기는 요령?

고기의 안쪽까지 충분히 익히기 위해서 칼집을 살짝 내어 너무 센 불이 아닌 중간보다 약간 높은 온도에서 오랜 시간 동안 튀긴 후 높은 온도에서 한 번 더 튀기면 속은 잘 익고 겉은 바싹한 질감이 된다.

추천메뉴 닭고기 샌드위치

부위별 특징 및 용도

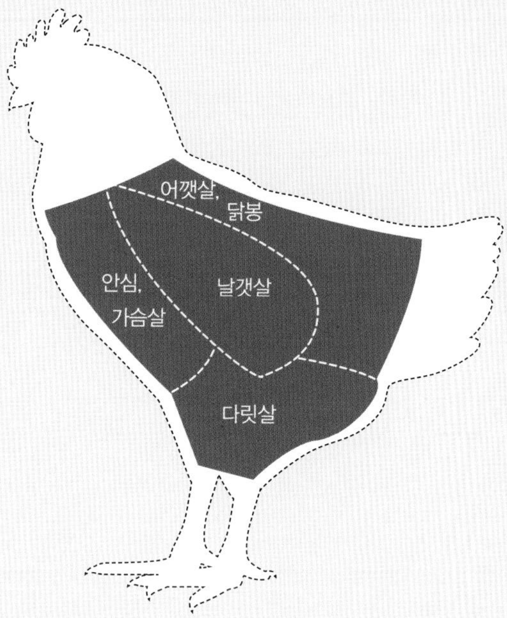

출처: 농림축산식품부

- 안심, 가슴살 : 지방이 적어 맛이 담백하고 살이 부드러워 튀김이나 볶음, 찜, 샐러드, 냉채 등에 자주 이용한다. 너무 오래 익히면 퍽퍽해진다.
- 윗다리(넓적다리) : 엉덩이 관절에서 분리한 넓적다리로, 근육이 많으며 지방 함량이 적절하여 감칠맛이 있고 부드러워 튀김, 구이, 바비큐 등에 이용한다.
- 아랫다리(북채) : 넓적다리 밑부분으로, 탄력이 있고 육질이 단단하며 육색이 짙고, 씹는 맛이 좋다.
- 윗날개(봉)살 : 날개 위쪽의 어깨 부위로, 단백질이 많고 지방이 적어 담백한 맛이 나며 튀김이나 조림에 이용한다.
- 아랫날개(윙)살 : 가슴살 위에 붙어 있는 뼈대가 있는 살로, 콜라겐 성분이 함유되어 피부에 좋으며 맛이 좋아 조림이나 튀김요리에 많이 쓰이지만 가장 쉽게 상한다.

식육가공품(햄 · 소시지 · 베이컨)

제철 : 일 년 내내 **원산지 :** 한국, 독일, 미국

햄

식육 또는 식육가공품을 부위에 따라 분류하여 정형 염지(鹽漬) 처리한 후 숙성 건조한 것이다. 훈연, 가열 처리 또는 식육의 고깃덩어리에 식품 또는 식품첨가물을 가한 후 숙성, 건조한 것이거나 훈연 또는 가열 처리하여 가공한 것으로, 햄, 생햄, 프레스햄으로 구분된다.

염지 후 훈연 과정을 거치는 특성상 보존성이 우수하다. 다른 고기에 비해 가열할 필요가 없고 조리 부담이 적어 전채 요리에 사용하거나 샐러드, 샌드위치의 재료 등으로 사용한다. 원료인 돼지고기 뒷다릿살은 삼겹살보다 지방량이 적고 단백질과 비타민을 골고루 함유하고, 특히 비타민 B_1의 함량이 높다.

소시지

돼지고기를 비롯한 각종 육류를 그대로 혹은 염지 처리하여 분쇄, 세절한 것에 식품 또는 식품첨가물을 넣은 후, 케이싱(casing)에 채워 만든 가공식품이다. 제조법에 따라 케이싱에 채운 분쇄육을 훈연 또는 가열 처리하여 냉동시키거나, 발효, 숙성, 건조시키기도 한다. 고기 함량 70% 이상, 전분 10% 이하인 것으로, 소시지, 발효소시지, 혼합소시지로 분류한다.

베이컨

돼지의 복부육 또는 특정 부위육을 정형 염지 처리한 후 그대로 또는 식품 또는 식품첨가물을 가하여 훈연하거나 가열 처리한 것이다.

고르는 요령

식품 표시의 성분 함량을 보고 나트륨과 지방 함량이 높지 않은 것을 선택한다. 보존제로 첨가되는 아질산염이 우려되는 경우, 아질산염 무첨가 제품을 선택한다.

더 알아보기

식육가공품의 원료로 사용되는 돼지고기 뒷다릿살은 영양적 품질이 우수하다. 육가공품 생산에 사용하는 식품첨가물, 원산지, 영양소 등은 정부에서 정한 기준 규격에 의해 관리되고 있어 안심하고 먹을 수 있다.

햄, 소시지, 베이컨 생산에 사용하는 아질산나트륨은 위험할까?

가공육 생산에 사용되는 아질산나트륨은 발색과, 식중독균 등의 미생물 번식 억제 및 식품 보관의 용이함을 목적으로 하는 첨가물이다. 하지만 단백질 속 '아민'과 결합해 강력한 발암물질인 '니트로사민'을 생성할 위험이 있는 것으로 알려져 있다. 이에 따라 정부는 아질산나트륨을 국제적 기준에 따라 사용하도록 관리하고 있으므로 안심하고 먹을 수 있다. 걱정이 되면 끓는 물에 데치거나 비타민 C가 많은 채소, 과일 등과 함께 섭취하는 것이 좋다.

추천메뉴 햄 샌드위치

보관 방법

햄

냉장

보관 기간 : 식품 포장 유통기한 참조. 포장 제거 후 냉장용 지퍼백에 넣어 보관한다. 포장 개봉 후에는 가능한 한 빠른 시일 내 소비해야 한다.

냉동

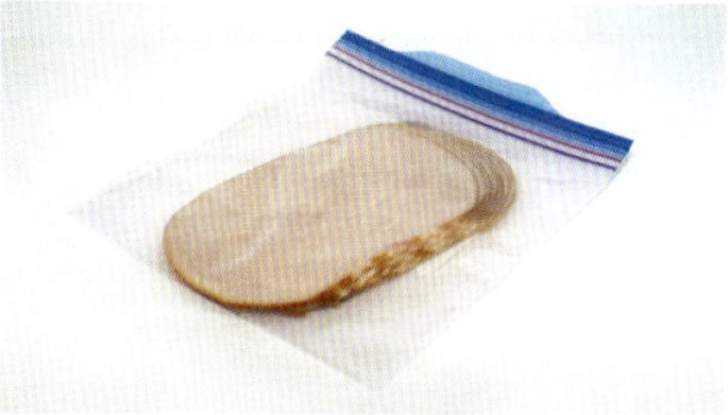

보관 기간 : 식품 포장 유통기한 참조. 포장 제거 후 냉동용 지퍼백에 1회 사용량으로 소분하여 보관한다.

소시지

냉장

보관 기간 : 식품 포장 유통기한 참조. 포장 제거 후 냉장용 지퍼백에 넣어 보관한다. 포장 개봉 후에는 가능한 한 빠른 시일 내 소비해야 한다.

냉동

보관 기간 : 식품 포장 유통기한 참조. 포장 제거 후 냉동용 지퍼백에 1회 사용량으로 소분하여 보관한다.

베이컨

냉장

보관 기간 : 식품 포장 유통기한 참조. 포장 제거 후 냉장용 지퍼백에 넣어 보관한다. 포장 개봉 후에는 가능한 한 빠른 시일 내 소비해야 한다.

냉동

보관 기간 : 식품 포장 유통기한 참조. 포장 제거 후 냉동용 지퍼백에 1회 사용량으로 소분하여 보관한다.

보관 TIP 냉장 · 냉동 보관 시 지방을 함유하고 있으므로 랩으로 싸서 밀폐 용기나 지퍼백에 넣어 보관한다.

심플하고 똑똑한 식재료 보관법

02

수산 식품

고등어, 삼치, 꽁치, 갈치, 멸치,
오징어, 새우, 해파리, 꽃게,
바지락, 꼬막, 홍합, 굴, 전복, 해삼,
김, 미역, 다시마, 파래

고등어

제철 : 가을~겨울(9~12월) **원산지 :** 한국, 노르웨이

불포화지방산인 도코사헥사엔산(DHA)을 다량 함유하고 있어 혈액 속의 LDL-콜레스테롤과 중성 지방을 낮추고, 몸에 좋은 HDL-콜레스테롤 수치를 높인다. 에이코산펜타엔산(EPA) 성분은 혈소판의 응고 기능이 원활하도록 돕는다. 그 외 비타민 D도 풍부해 칼슘 흡수를 돕고, 비타민 B_2와 철이 풍부해 미용과 빈혈에 효과가 있다.

고르는 요령

생물의 경우 크고 살이 단단해 청록색의 광택이 나며, 등무늬가 선명한 것이 좋다. 손으로 눌러 탄력 있는 것을 고른다.

보관 방법

냉장

보관 기간 : 7일. 지방 함량이 높아 랩으로 싸서 산소 차단을 막은 후 지퍼백에 담아 보관한다.

냉동

보관 기간 : 2주. 한 번에 먹을 양만큼 소포장한다. 랩을 싼 후 냉동용 지퍼백에 넣어 냉동한다.

보관 TIP 냉동 생선은 냉장고나 전자레인지로 해동하도록 하고, 해동 후 바로 조리한다.

더 알아보기

구입 후에는 아가미, 지느러미, 내장을 제거해 적당한 크기로 손질한 뒤 한 번 조리할 분량만큼 비닐백에 담아 냉동실에 넣어두어야 해동 후 재냉동하는 것을 막을 수 있다. 소금에 절인 간고등어는 상온 보관하지 않고 반드시 냉장, 냉동 보관하고 절대 재냉동하지 말아야 한다.

자반고등어를 짜지 않고 맛있게 조리하는 법?

우유에 약 30분 동안 담근 후 구우면 짠맛과 비린내가 줄어든다. 레몬도 비린내를 잡아주며 기름을 두르고 구울 때 튀는 것을 방지하기 위해서는 밀가루를 살짝 입히면 육즙이 안에 그대로 남게 된다.

추천메뉴 고등어 구이

삼치

제철 : 늦가을~겨울(10~2월) **원산지 :** 한국, 일본, 러시아, 중국

DHA를 다량으로 함유하여 뇌세포 활성화 및 인지능력, 기억력, 집중력 향상에 크게 도움이 된다. 비타민과 무기질, 칼슘, 타우린 등을 함유하고 있으며, 특히 비타민 B_2와 나이아신이 매우 풍부하다.

고르는 요령

생물의 경우 살이 부드럽게 느껴지는 것은 피하는 것이 좋고 배와 몸 전체가 단단하고 탄력 있는 것이 좋다. 눈이 맑고 아가미가 선홍색이며 몸에 광택이 있고 통통하게 살이 오른 것을 고른다.

보관 방법

냉장

보관 기간 : 1주. 먼저 손질한 후 물기 없이 알맞은 정도의 길이로 토막을 내고 흐르는 물에 씻고 소금을 뿌려 냉장 보관한다.

냉동

보관 기간 : 1개월. 먹기 좋은 크기로 잘라 손질한 후 흐르는 물에 씻고, 소금 등을 뿌린 후 냉동용 지퍼백에 넣어 보관한다.

보관 TIP 미리와 꼬리를 잘라내고 배에 길집을 넣어 내장을 반드시 제거해야 맛을 오래 보존할 수 있다.

더 알아보기

살이 희고 부드러우며 맛이 담백하고 특이한 냄새가 없어 고급 어종으로 평가된다. 겨울철에 가장 맛이 좋다. 살이 약해 회를 뜨기가 어려워 살짝 얼린 후 뜨는 것이 좋다.

생선 비린내를 제거하려면?

비린내의 주성분인 트리메틸아민은 수용성으로 물에 쉽게 용해되므로 씻어서 제거한다. 식초, 레몬즙 등의 산을 첨가하거나 청주나 미림을 첨가하면 비린내 성분이 중화되어 냄새가 약화된다. 조리하기 전 우유에 담가두면 우유의 카제인에 흡착되어 제거된다.

추천메뉴 삼치구이

꽁치

제철 : 늦가을(10~11월) **원산지 :** 한국, 일본, 러시아, 북태평양

대표적 붉은살 생선으로 진한 적색을 나타내며 흰살 생선보다 훨씬 산성이고 어묵 등의 원료로 많이 사용된다. 단백질, 비타민 B군, EPA, DHA의 함량이 높다.

고르는 요령

생물의 경우 등이 푸를수록 신선하며, 배는 은백색을 띠고 꼬리로 내려갈수록 노르스름한 것이 좋다. 눈은 선명하고, 몸통을 눌러 보았을 때 탄력이 있는 것을 고른다.

보관 방법

냉장

보관 기간 : 1주. 먼저 꼬리, 머리를 자르고 내장을 꺼낸 뒤 흐르는 물에 씻은 후 적당한 길이로 토막을 내고 소금을 뿌려 냉장 보관한다.

냉동

보관 기간 : 1개월. 적당한 크기로 잘라 먹을 양만큼 랩에 싼 후 냉동용 지퍼백에 넣어 보관한다.

보관 TIP 먹다 남은 캔 꽁치는 그릇에 담아 랩으로 씌운 후 전자레인지로 가열한 다음 보관한다.

더 알아보기

회, 구이, 조림, 튀김, 통조림으로 이용한다. 겨울철에는 말려서 먹기도 하며 '과메기'라고 부른다.

과메기는 어떻게 만들어질까?

꽁치 또는 청어를 겨울 동안 반건조한 것으로, 과메기라는 이름은 꽁치의 눈을 꼬챙이로 꿰어서 말렸다는 관목에서 유래되었다. 동해에서 갓 잡은 것을 −18℃ 이하로 냉동해두었다가 12월부터 야외에 널어 자연 상태에서 밤에는 냉동, 낮에는 해동을 반복하여 수분 함량이 40% 수준이 되도록 말린다. 오메가3 지방산과 핵산의 함량이 매우 높다.

추천메뉴 꽁치 레몬 구이

갈치

제철 : 늦가을 **원산지 :** 한국, 일본, 필리핀, 대만, 대서양

살이 희고 부드러우며 단백질 함량이 풍부하고 지방이 적당량 함유되어 담백하고 맛이 좋다. 칼슘, 인과 같은 무기질과 비타민 A, D, E, 비타민 B군이 골고루 들어있다.

고르는 요령

생물 갈치를 고를 때에는 크기가 너무 크지도 작지도 않은 것을 고른다(95~105cm). 표면이 은백색이고, 상처나 흠집이 적으며, 눌렀을 때 탄력이 있는 것이 좋다. 이가 발달된 것, 아가미 부위에서 비린내가 나지 않는 것을 고른다.

보관 방법

냉장

보관 기간 : 2일. 머리와 꼬리를 자르면서 내장을 제거한 후 지느러미와 비늘을 제거하여 적당한 길이로 자른다. 밀폐 용기에 담거나 랩에 싸서 냉장 보관한다.

냉동

보관 기간 : 2주. 적당한 크기로 잘라 먹을 양만큼 비닐에 싼 후 냉동용 지퍼백에 넣어 보관한다.

보관 TIP 굽거나 튀기는 경우 소금을 뿌려서 보관하고, 조림용은 바로 냉장이나 냉동 보관해야 한다.

더 알아보기

갈치는 몸이 길어 부위에 따라 영양소의 함량이 다르므로 모든 부위를 골고루 먹는 것이 좋다. 구이, 조림, 국 등 다양한 방법으로 요리할 수 있다.

갈치 껍질은 제거해야 할까?

표면을 덮고 있는 은색의 성분은 구아닌으로 선도가 좋을 때는 비린내가 나지 않지만 떨어지면 산화되어 비린내가 난다. 이 성분은 복통과 두드러기를 유발시킬 수 있어 생선회를 만들 때는 제거하는 것이 좋지만 가열하면 파괴된다.

추천메뉴 갈치구이

멸치

제철 : 늦가을(10~11월) **원산지 :** 한국, 일본, 중국

뼈째 먹는 생선으로 단백질과 칼슘, 인 등의 무기질이 풍부하다. 지방 함량은 계절에 따라 다른데 1~3월에 가장 적고, 10~11월에 가장 많다. 생물로 먹기도 하나 선도가 쉽게 저하되므로 대부분 마른 멸치나 소금에 절여 젓갈 형태로 섭취한다.

고르는 요령

육안으로 보았을 때 은빛이 나고 맑은 것이 좋다. 다시 멸치인 경우 황금빛이 돌면서 맑은 것을 선택한다.

보관 방법

냉동

보관 기간 : 6개월. 불순물을 제거하고, 냉동용 지퍼백이나 밀폐 용기에 담아 보관한다.

보관 TIP 마른 멸치도 수분을 10~20% 정도 함유하고 있으므로 곰팡이가 발생할 수 있다. 공기와의 접촉을 최대한 차단할 수 있도록 지퍼백 등에 담아 밀봉 보관하는 것을 권장한다.

더 알아보기

건조 멸치 중 대멸은 전체 길이가 77mm 이상, 중멸은 76~46mm, 소멸은 45~31mm, 자멸은 30~16mm, 세멸은 15mm 이하로 구분된다. 지리멸은 세멸의 일본어 표현이다. 대멸은 국물용으로, 자멸과 세멸은 조림용과 볶음용으로 사용한다.

멸치 육수 맛있게 내는 법?

끓는 물에 데친 후 사용하면 좋다. 내장을 제거하는 것이 쓴맛이 나지 않아 좋다. 냉동실에 오래 보관하여 냄새가 나는 경우 살짝 씻은 후 기름을 두르지 않고 볶으면 구수한 맛이 난다.

추천메뉴 멸치견과류 볶음

오징어

제철 : 가을 **원산지 :** 한국, 중국, 페루

가식부가 80%로 다른 어류에 비해 비교적 많으며, 단백질 함량이 15~20%로 높다. 피로 회복에 좋은 타우린과 필수아미노산인 히스티딘 등이 많다. EPA와 DHA, 핵산, 셀레늄의 함량도 높다.

고르는 요령

등쪽이 흙살색이며 배쪽은 흰색으로 빛이 나는 것이 좋고, 먹물이 터지지 않은 것이 좋다. 긴 다리는 길고 가운데 두 개가 특히 짧으며, 흡반 부분이 짧은 것을 고른다.

보관 방법

냉장

보관 기간 : 1~2일. 내장을 제거하고 손질한 후 냉장 보관한다.

냉동

보관 기간 : 1~2개월. 용도별로 손질한 후 냉동 보관한다.

보관 TIP 손질된 오징어는 몸통과 다리로 구분한 후 지퍼백에 넣어 냉동 보관하면 손쉽게 사용 가능하다.

더 알아보기

내장을 제거한 후 건조하여 말린 상태로 판매되기도 한다. 회, 젓갈, 튀김, 훈제품 등으로 사용한다.

오징어 손질을 쉽게 하는 법?

오징어 지느러미(속칭 머리) 부분이 아래쪽으로 가도록 놓은 후 가위로 몸통 한가운데를 반으로 가른다. 한 손으로 몸통을 누르고 다른 한 손으로 다리를 잡아 들어올리면 내장이 한 번에 손쉽게 떨어진다. 내장 밑의 가운데 뼈를 제거하고, 양쪽에 있는 아가미도 깨끗하게 제거한다. 칼을 이용해 눈 윗부분 내장을 자르고, 다리 윗부분을 자른다. 몸통 끝부분에 칼집을 약간 내어 손으로 잡으면 껍질을 쉽게 벗길 수 있다. 굵은 소금을 뿌리면 미끄럽지 않아 더 쉽게 벗겨진다.

추천메뉴 칼라마리

새우

제철 : 늦가을~겨울　**원산지 :** 한국, 중국, 동남아, 페루, 에콰도르

고단백, 저지방 식품이며 칼슘 함량이 높고, 인, 요오드, 철, 비타민이 많아 영양적으로 우수하다. 독특한 향미를 가졌으며, 타우린 함량이 높아 혈액 내 콜레스테롤을 낮춘다.

고르는 요령

원상태가 가장 좋고, 고유한 빛깔을 띤 것을 고른다. 해동 후 육질이 단단하고 치밀하며 이상한 냄새가 나지 않는 것이 좋다.

보관 방법

냉장

보관 기간 : 1~2일. 가능한 한 빨리 소비하고, 소량씩 포장하여 밀폐 용기에 담아 보관한다.

냉동

보관 기간 : 3~6개월. 깨끗하게 잘 씻은 다음 지퍼백에 넣어 보관한다.

보관 TIP 연한 소금물에 흔들어 세척한 후 머리와 껍질을 제거한다. 내장은 요지를 이용하여 제거한 후 키친 타월로 물기를 잘 제거하여 보관한다.

더 알아보기

찜, 튀김, 구이, 전, 젓갈로 이용한다. 새우의 종류로는 보리새우, 대하, 중하, 점새우, 크릴 등이 있다.

- **보리새우 :** 몸 길이 20cm의 중형 새우로, 몸표면에 가루 줄무늬가 있다. 조직이 연하고 맛이 좋으며 주로 찜, 튀김으로 사용한다.
- **대하 :** 25~30cm로 꼬리에 검은 무늬가 있다. 봄철에 가장 맛이 좋으며 찜, 튀김에 이용한다.
- **중하 :** 12~15cm로 대표적인 소형 새우로, 보리새우와 비슷하나 껍질이 얇아 중국요리 재료나 튀김용으로 이용한다.
- **점새우 :** 5cm 이하로 껍질은 얇고 반투명하며, 주로 새우젓으로 이용한다.
- **크릴 :** 4~5cm 정도로 새우와 맛은 같으나 아가미가 외부에 노출되어, 강한 효소활성으로 변질이 쉬우므로 냉동이나 가공 보관한다. 튀김이나 어육연제품으로 이용한다.

새우흑피증 방지 방법?

새우류는 저장하는 동안 검은 반점이 생기는 현상이 있는데, 이것은 산화효소인 폴리페놀옥시데이즈에 의한 갈변현상으로 멜라닌이 형성되는 것이다. 인체에는 무해하나 상품적 가치는 떨어지며, 이를 방지하기 위해 산화효소를 저해하거나 환원제로 처리한다.

추천메뉴 새우 토핑 샐러드

해파리

제철 : 여름~가을 **원산지 :** 중국, 태국, 인도네시아, 필리핀

주성분은 두꺼운 한천질로 되어 있다. 모양은 갓과 비슷하고 안쪽에 8개의 굵은 다리를 가지고 있다. 저열량 식품으로 단백질, 당질, 인 등을 함유하고 있다.

고르는 요령

색이 맑고 검은 점이 없으며 탄력이 있고 두꺼운 것이 좋다. 잘라진 모양이 너무 꼬불거리면 소금에 절인 지 오래된 것으로 짠맛이 강하고 품질이 떨어진다.

보관 방법

냉장

보관 기간 : 2~3일. 찬물에 담그거나 물기를 빼서 보관 용기 또는 지퍼백에 담아 보관한다.

냉동

보관 기간 : 6개월. 손질한 해파리는 물, 식초, 설탕을 15:2:1의 비율로 섞은 식초물을 만들어 불린 후 꼭 짜서 보관 용기 또는 지퍼백에 담아 냉동 보관한다. 시판하는 냉동 양념 해파리의 경우 유통기한은 1년으로 정하는 것도 있다.

보관 TIP 냉동 해파리는 해동하여 생수에 헹궈 물기를 짜서 냉채에 사용한다. 뜨거운 물에서 순식간에 데친 후 찬물에 2~3시간 담가 소금기와 이취를 제거한다. 뜨거운 물에 너무 오래 데칠 경우 심하게 질겨지므로 시간에 주의해야 한다.

더 알아보기

식용 해파리라 해도 원물로는 먹을 수 없고, 사전 가공 공정을 거쳐야 먹을 수 있다. 몸통과 촉수를 절단, 분해하여 오물을 제거한 다음 소금, 백반으로 탈수, 방부, 응고시켜 자연 건조하여 원재료로 만든다.

황색 해파리와 흰색 해파리?

해파리는 거의 전량 수입하며, 원산지보다는 색으로 구분한다. 주로 흰색과 황색으로 분류하는데, 색은 문제가 되지 않는다. 전반적으로 흰색이 황색보다 가격이 높다.

추천메뉴 해파리 초무침

꽃게

제철 : 4~6월, 9~11월 **원산지 :** 한국, 중국

주성분은 단백질로 지방이 적어 담백하다. 칼슘, 인, 철 등의 무기질이 풍부하지만 상대적으로 비타민은 적은 편이며, 글리신, 알라닌, 베타인이 함유되어 독특한 감칠맛을 낸다. 아미노산인 헤모사이아닌이 함유되어 가열 조리할 경우 흑변이 일어난다.

고르는 요령

배 부분이 하얗고 윤기가 나며, 들었을 때 묵직하며 다리 형태가 온전하면서 탄력이 있어 빳빳한 것이 좋다. 껍질은 딱딱하고, 배를 눌렀을 때 물이나 내장이 흐르지 않을 정도로 단단한 것이 좋다. 또한 껍질을 벗겼을 때 냄새가 안 나고, 살이 꽉 차 있는 것을 고른다.

보관 방법

냉장

보관 기간 : 1~2일. 폐기율이 높고 효소작용으로 자가소화 및 부패가 빨라 식중독 가능성이 높으므로 가능한 한 빨리 소비한다.

냉동

보관 기간 : 1~2개월. 조리할 만큼씩 잘라 1회분씩 소분하여 냉동용 지퍼백에 넣어 보관한다.

보관 TIP 냉동 보관 전 자르면 단맛이 흘러나와 맛이 없어지므로 자르지 않고 통째로 보관한다.

더 알아보기

꽃게 손질법?

세척 시 솔로 구석구석 문질러 깨끗이 닦는다. 특히 등딱지와 배, 다리에는 이물질이 많으므로 꼼꼼하게 닦는다. 운반 동안 얼음을 넣어 살짝 기절시킨 후 손질하면 편하다. 배 아래쪽 삼각형 모양의 모래주머니를 제거한 후 등딱지는 손으로 잡아당겨서 제거한다. 여러 겹 붙어있는 아가미도 깨끗하게 씻어준다. 다리는 가위를 사용하여 끝부분을 잘라낸다.

왜 가을철에는 수꽃게가 제철일까?

꽃게는 암꽃게와 수꽃게로 나뉘는데, 암컷은 3월 말경부터 산란기에 접어들어 알이 꽉차고 통통하게 오른다. 암컷은 3월 하순부터 6월까지 많이 잡힌다. 7~8월의 금어기에 충분한 영양을 섭취한 뒤 9~10월 가을철에 많이 잡히는 꽃게는 살이 꽉 찬 수컷이다. 또한 암컷은 배에 알이 있고 배 모양이 둥글며, 수컷은 길고 뾰족하다. 집게를 볼 때 암꽃게는 둥글고 짧은 반면 수꽃게는 얇고 길어 암수 구별 가능하다.

추천메뉴 꽃게살 리조토

바지락

제철 : 2~4월 **원산지 :** 한국, 중국

단백질이 반 이상을 차지하고 질도 우수하다. 시원한 국물맛을 내는 호박산과 글루타민산을 함유하고 있어 탕류로 많이 이용한다. 철분, 아연, 칼슘의 함량이 높고, 비타민 B_{12}가 풍부하여 빈혈 예방에 효능이 있다. 타우린의 함량도 높아 간 기능을 정상화시키고, 콜레스테롤과 혈압을 낮춘다.

고르는 요령

껍질이 단단하며 다소 거친 질감으로 꽉 맞물려 있는 것이 좋다. 벌어져 있는 바지락 껍질을 만졌을 때 입수관이 껍질 속으로 재빠르게 들어가는 것을 고른다.

보관 방법

냉장

보관 기간 : 1~2일. 보관 용기에 담아 숨 쉴 수 있도록 뚜껑 대신 랩으로 감싼 후 구멍을 내어 보관한다.

냉동

보관 기간 : 2~3개월. 소금물에 담가 해감 후 삶아 껍질을 제거하지 않고 냉동용 지퍼백에 넣어 보관한다.

보관 TIP 냉동 바지락은 해동하지 않고 꺼내서 바로 조리할 수 있도록 깨끗하게 씻어서 보관한다.

더 알아보기

산란기는 7~8월로 독소를 형성한다. 2일 이내 소비할 경우 해감하여 깨끗한 물에 담가 냉장실에 보관하고, 나머지는 지퍼백에 소량씩 나누어 공기를 뺀 후 밀폐하여 보관한다.

바지락 해감법?

소금물에 1~2시간 담가두며, 식초를 사용하면 약 15분으로 단축할 수 있다.

추천메뉴 봉골레 파스타

꼬막

제철 : 3~5월, 8~10월 **원산지 :** 한국, 일본, 인도양, 서태평양

'안다미조개'로도 불리며, 살은 헤모글로빈을 함유하여 붉은색을 띤다. 철분과 비타민 B_{12}의 함량이 높아 빈혈에 효과가 있다. 단백질의 질이 우수하고 지방이 적어 담백한 맛을 낸다.

고르는 요령

껍질에 깨진 부분이 없고 울퉁불퉁한 물결무늬가 잘 유지되고 냄새가 나지 않는 것을 고른다.

보관 방법

냉장

보관 기간 : 1~2일. 냉장 보관 시 비닐이나 용기를 닫지 않고 보관한다.

냉동

보관 기간 : 3개월. 살짝 데쳐서 먹을 양만큼 소분하여 지퍼백이나 용기에 담아 보관한다.

보관 TIP 꼬막을 잘 보관하기 위해서는 신선할 때 삶아서 보관하는 것이 중요하다.

더 알아보기

꼬막은 골의 수에 따라 참꼬막, 세꼬막, 피꼬막으로 분류한다. 참꼬막은 골이 깊고 골수는 약 20개, 세꼬막은 골이 깊지 않고 골수는 30개, 피꼬막도 골이 깊지 않고 골수는 40개이다. 참꼬막은 양식이 어려워 비싸며 크기는 작으나 맛이 좋다.

꼬막 맛있게 요리하는 법?

뜨거운 물에 살짝 데친 후 초고추장이나 양념간장에 찍어 먹거나 채소 꼬막무침, 꼬막전 등으로 요리한다. 오래 삶을수록 맛과 영양가가 손실되며 입을 벌리면 육즙이 흘러나와 질겨진다. 냄비에 물을 넣은 후 끓게 되면 낮은 화력으로 물을 식히고 깨끗하게 씻은 꼬막을 넣고 다시 화력을 키워 물이 다시 끓기 시작하면 꺼낸다. 꼬막살이 여러 군데로 퍼지지 않게 하려면 한 방향으로 저어준다. 삶은 후 찬물에 살짝 헹구면 쫄깃한 맛이 난다.

추천메뉴 꼬막채소 무침

홍합

제철 : 3~5월, 10~12월 **원산지 :** 한국, 일본, 중국

바다의 달걀이라고 불리며, 조개 중 비교적 짠맛이 덜하고 고소하며 쫄깃한 식감을 가졌다. 수분이 70% 이상이고 단백질이 풍부하며 비타민 A, B_1, B_2, 나이아신도 골고루 함유하고 있다.

고르는 요령

입이 벌어지지 않고 껍질은 흑자색을 띠고 광택이 나며 깨지지 않은 것이 좋다. 깐 것은 살이 퍼지지 않고 냄새가 나지 않는 것을 고른다.

보관 방법

냉장

보관 기간 : 1~2일. 족사를 껍질 이음새 방향으로 당겨서 제거한 후 흐르는 물에 찌꺼기가 나오지 않을 때까지 깨끗이 씻어, 체에 받쳐 물기를 제거한 후 보관한다. 물에 오래 담가두면 단맛이 빠진다. 해감은 필요하지 않다.

냉동

보관 기간 : 2~3개월. 깨끗이 씻어 살짝 삶아 소분하여 냉동용 지퍼백에 담아 보관한다.

보관 TIP 탕을 만들어 냉동 보관하거나 삶아서 껍질을 분리한 후 살과 육수를 따로 냉동 보관한다.

더 알아보기

산란기는 7~8월이고 이때 독소가 형성된다. 살은 생으로 이용하거나 삶아서 말려 이용한다. 삶아서 말린 것을 담체라고 하며, 한방에서는 간 보호, 자양강장, 빈혈 치료에 사용한다. 홍합은 홍합탕, 홍합초, 젓갈, 찜, 찌개와 샐러드 재료로 사용하며, 프랑스, 이탈리아 요리에 많이 이용한다.

홍합 삶는 법?

물을 따로 넣지 않고 처음부터 냄비에 담아 뚜껑을 덮은 후 입이 벌어질 때까지 가열한다.

추천메뉴 빠에야

굴

제철 : 겨울(11~2월) **원산지 :** 한국

단백질이 많고, 철분, 칼슘, 인, 비타민 A, B_1, B_2가 풍부하여 소화가 잘 된다. 세균이 빨리 증식할 수 있으므로 취급에 주의가 필요하다.

고르는 요령

주름이 많고, 유백색을 띠며, 통통하고, 가장자리 색이 밝고 선명한 것이 좋다. 깐 것은 탄력이 있는 것을 고른다.

보관 방법

냉장

보관 기간 : 통굴은 1주, 깐 굴은 3~4일. 깐 굴은 해수에 넣어 밀폐 용기에 보관한다.

냉동

보관 기간 : 3개월. 손질 후 날것으로 소량씩 또는 데쳐서 밀폐하여 보관한다.

보관 TIP 굴은 손질하여 냉동 보관한다.

더 알아보기

굴의 종류에는 참굴, 유럽굴, 토굴, 호주굴, 아메리카굴, 포르투갈굴, 봄베이굴, 갓굴 등이 있으며, 우리나라는 주로 참굴을 양식한다. 남해안 수하식 굴은 성장 기간 내내 해수에 잠겨 있어 플랑크톤의 섭취량이 많아 알이 굵고 통통하며 영양도 풍부하다. 다른 조개류에 비해 지방과 글리코겐 함량이 많다. 산란기에는 함량이 매우 낮으나 겨울인 2월에는 최고에 달하여 가장 맛이 좋다.

굴에 독소가 있는 계절?

서양에서는 5월부터 8월까지 R자가 들어가지 않는 달은 섭취를 금지하는데, 이 시기는 산란기로 알을 보호하기 위해 생리적으로 독성 성분을 분비한다. 또한 이 시기에는 영양분이 적고 맛이 없으며 부패되기 쉽다. 최근 노로바이러스 감염이 우려되므로 날로 먹을 때는 생으로 먹을 수 있는지 포장 표시를 확인하고 구입하는 것이 안전하다.

추천메뉴 굴 튀김

전복

제철 : 2~4월　**원산지 :** 한국, 중국, 필리핀

소라와 비슷하게 단백질의 함량이 많으며 루신, 아르기닌, 글루타민산 등의 아미노산을 함유하고 있어 특유한 맛을 낸다. 쪄서 말렸을 때 표면에 생기는 흰 가루는 타우린으로 피로 회복에 좋다.

고르는 요령

살이 통통하게 찐 것이 상품(上品)이며, 껍질 모양은 타원형으로 짧은 쪽과 긴 쪽의 비율이 2 : 3인 것이 적당하다. 껍질이 원에 가까우면 필리핀 등의 수입품이며, 성장 기간이 짧아 대개 맛과 영양이 떨어진다. 껍질 색은 먹이에 따라, 속살의 색은 성별에 따라 다른데, 암컷은 대개 진한 녹색, 수컷은 노란색이다.

보관 방법

냉장

보관 기간 : 2~3일. 껍질째 보관 용기에 담아 뚜껑을 닫지 않고 뚜껑 부분을 랩으로 감싼 후 구멍을 내어 숨쉴 수 있게 보관한다.

냉동

보관 기간 : 3개월. 껍질을 따로 분리하여 먹을 양만큼씩 냉동용 지퍼백에 소분하여 보관한다.

보관 TIP 전복을 깨끗이 씻은 후 솔로 문질러 이물질을 제거한 후 다시 한 번 깨끗이 씻어 보관한다.

더 알아보기

국산 전복으로는 참전복, 까막전복, 말전복, 오분자기 등이 있으며, 종에 따라 다르나 껍질은 1년에 약 2~3cm 성장한다. 살아 있는 것을 생복 또는 생전복이라 하고, 삶은 것은 숙복, 삶아서 건조한 것은 명포라고 한다. 건제품, 통조림 등으로도 가공되며, 회, 초무침, 죽, 탕, 찜 등으로 이용한다. 생전복을 손질할 때에는 씻어 이물질을 제거한 후 전복 껍질 안쪽으로 수저를 넣어 살을 껍질에서 분리한다. 내장은 터지지 않게 잘 분리하여 전복 내장죽이나 전복 내장밥 등에 이용한다. 버터구이나 회 등의 요리에는 전복 입 부분을 제거한다.

전복의 내장은 먹을 수 있을까?

내장에는 해초 성분이 농축되어 맛, 향과 영양이 뛰어나지만 쉽게 상할 수 있다. 4~5월에 출하되는 내장에는 독성 성분을 포함하기도 한다. 안전을 위해 익히거나 젓갈로 먹는 것이 좋다.

추천메뉴 중화풍 전복찜

해삼

제철 : 3~4월, 10~11월 **원산지 :** 한국, 중국

앞뒤로 긴 원통 모양이며, 울퉁불퉁한 여러 개의 돌기를 가지고 있다. 지방질이 거의 없어 멍게, 해파리와 함께 '3대 저열량 수산물'로 뛰어난 영양가 때문에 '바다의 인삼'이라 불린다. 수분 90%, 단백질, 지방, 당질 및 칼슘, 칼륨, 요오드 등 무기질이 풍부하다.

고르는 요령

손으로 만져 보아 단단하고 통통한 것, 돌기가 뾰족하게 살아 있는 것을 고른다. 상한 해삼은 하얗게 녹아 늘어지고 물이 생기며 냄새가 난다.

보관 방법

냉장

보관 기간 : 1~2일. 손질하여 물기를 뺀 후 용기에 담아 뚜껑 없이 보관한다.

냉동

보관 기간 : 3개월. 손질하여 물기를 뺀 후 먹을 양만큼씩 냉동용 지퍼백에 넣어 보관한다.

보관 TIP 손질한 후 소량씩 보관한다.

더 알아보기

몸 색깔에 따라 청해삼, 적해삼, 흑해삼, 백해삼으로 분류한다. 수온이 20℃ 이상이 되면 산란하고 여름 잠을 잔다. 제철이 아닐 땐 건해삼을 이용해 다양한 요리를 만들지만, 해삼 철엔 생해삼의 오독오독하고 싱싱한 맛과 식감을 느낄 수 있다. 생해삼은 적당히 익히면 부드럽고 탄력적인 식감이 살아난다. 손질할 때에는 먼저 입을 제거하고, 배를 갈라 내장과 불순물을 빼낸 후 흐르는 물로 씻어 식촛물에 담가둔다. 그런 뒤 해삼을 문질러 점액를 제거하면 부드러운 식감을 유지할 수 있다.

건해삼 손질법?

건해삼은 물에 불려 끓인 뒤 식히고 다시 끓여 식히는 과정을 여러 번 반복해야 하므로 번거롭지만 특유의 식감과 대체할 수 없는 감칠맛 때문에 다양한 요리에 사용한다.

추천메뉴 해삼탕

김

제철 : 11~4월 **원산지 :** 한국, 중국

홍조류에 속하는 해초로 해태라고도 한다. 단백질, 당질, 비타민 외에 마그네슘, 인, 아연, 철 등의 무기질이 풍부하다.

고르는 요령

날김은 광택이 나는 검은색, 구운 김은 선명한 청록색을 띤 것이 좋다. 김을 조금 잘라 물에 넣었을 때 잘 풀어지는 것이 좋은데, 질이 떨어지는 것은 풀어지지 않고 형태를 유지하며 물색이 탁해진다.

보관 방법

냉장

보관 기간 : 2~3개월. 마른 김은 기온이 낮은 경우 습기가 없는 어둡고 서늘한 곳에 보관할 수 있지만, 습기가 높은 계절에는 밀봉하여 밀폐 용기에 담아 냉장 보관한다.

냉동

보관 기간 : 1년. 마른 김은 한지나 키친타월로 감싼 다음 지퍼백에 밀봉하여 보관한다.

보관 TIP 냉동 보관 시 먹을 양만큼 이죽으로 포장하여 냄새 흡수를 방지한다.

더 알아보기

건조 김으로 직접 식용하거나, 조미액을 더해 가공한 맛김, 김부각, 물김 등으로 가공하여 이용한다. 구운 김은 밀폐 용기에 담고, 키친타월을 덮은 다음, 밀폐 용기 뚜껑을 닫아 보관한다. 기름에 잰 김은 산패 방지를 위해 밀폐 용기나 냉동용 지퍼백에 넣어 보관한다. 장기간 보관할 경우 40~60℃에서 4~10초간 구워 수분을 제거한 후 저장한다.

김을 장기 보관할 경우 왜 붉은색으로 변할까?

장시간의 광선이나 공기와의 접촉에 의해 클로로필 성분이 분해되기 때문에, 저장할 경우 직사광선을 피하고 습기가 없는 서늘한 곳에 밀봉하여 보관한다.

추천메뉴 김굴국

미역

제철 : 겨울~봄 **원산지 :** 한국, 중국

갈조류에 속하며, 단백질, 당질, 무기질이 풍부하며, 특히 요오드의 함량이 높다. 알긴산은 금속의 흡수성이 높아 유해 중금속을 체외로 배출시키며 항콜레스테롤 효과가 있다. 칼슘과 철이 많아 치아, 골격 형성, 산후 자궁수축, 지혈, 조혈 작용을 한다.

고르는 요령

생미역은 줄기가 넓지 않고 가는 것, 잎이 넓으며 촉감이 부드러운 것이 좋다. 지나치게 숙성해서 질긴 미역은 맛도 없고 먹기도 좋지 않다. 생미역은 색깔은 선명한 녹색에 반투명한 것이 좋으며, 마른 미역은 검은색에 가까운 빛깔로 잡티가 없고 윤기를 가진 것을 고른다. 마른 미역은 줄기보다 잎의 비중이 크고 물에 불렸을 때 잎이 조각조각 풀어지지 않는 것이 좋다.

보관 방법

냉장

보관 기간 : 2~3개월. 마른 미역은 김과 같이 기온이 낮은 경우 습기가 없는 어둡고 서늘한 곳에 보관할 수 있으나, 습기가 높은 계절에는 밀폐 용기에 담아 냉장 보관한다.

냉동

보관 기간 : 1년. 마른 미역은 한지나 키친타월로 감싼 다음 지퍼백에 밀봉하여 보관한다.

보관 TIP 마른 미역을 장마철이나 장기간 보관할 때는 냉동 보관한다.

더 알아보기

국내산은 완도, 진도, 이빈 미역 등으로 분류된다. 완도 미역은 부드러운 식감이 일품이며 쇠고기와 잘 어울린다. 진도 미역은 통칭 돌미역으로 빠른 해류로 인한 질긴 식감과 높은 영양분을 가지고 있으며, 새우 등의 해산물과 잘 어울린다.

생미역 손질 및 보관법?

미역에 소금을 넣어서 주무르면 하얀 거품이 생기는데 이 과정을 2~3회 반복하고 잘 헹군다. 물에 너무 오래 담가두면 맛이 없어지므로 빨리 헹궈준다. 보관 시 물에 씻지 말고 구입한 그대로 지퍼백에 넣어 보관했다가 소금으로 손질하여 먹는다.

추천메뉴 미역사과 무침

다시마

제철 : 7~9월 **원산지 :** 한국, 일본

갈조류에 속하며, 줄기, 잎, 뿌리의 구분이 뚜렷하다. 주성분은 탄수화물로 알긴산, 나미나린과 섬유소로 이루어져 있다. 표면의 흰 가루는 당알콜인 만니톨로 설탕의 60% 정도의 단맛을 내며, 감칠맛을 내는 글루타민산 등의 아미노산이 풍부하다.

고르는 요령

색이 검고, 반듯하게 겹쳐서 말려져 있고, 표면에 주름이 없는 것이 좋다. 두꺼우며 표면에 만니톨 가루가 골고루 퍼져 있는 것을 고른다. 초봄에는 날것으로 생산하고, 가을까지는 건조시켜 생산한다.

보관 방법

냉장

보관 기간 : 2~3개월. 기온이 낮은 경우 습기가 없는 어둡고 서늘한 곳에 보관할 수 있으나 습기가 높은 계절에는 밀봉하여 냉장 보관한다.

냉동

보관 기간 : 1년. 다시마는 한지나 키친타월로 감싼 다음 지퍼백에 밀봉하여 보관한다.

보관 TIP 건다시마는 5~6cm 크기로 잘라 서늘한 곳에 보관하거나 장기 보관 시에는 냉동 보관한다.

더 알아보기

다시마는 건조시켜 국물을 우려내거나 튀김용으로 주로 이용되나, 차로도 이용된다.

염장 다시마 손질법?

5~6월에 채취하여 만드는 것으로 냉장 보관은 10일, 냉동 보관은 12개월이다.

추천메뉴 다시마 초고추장 회

파래

제철 : 늦가을~봄 **원산지 :** 한국, 일본

녹조류에 속하며, 단백질이 많이 함유되어 있지만 메티오닌, 라이신 등의 필수아미노산이 부족하다. 요오드, 칼슘, 칼륨, 철 등의 무기질이 풍부하다.

고르는 요령

선명한 초록빛이며 윤기가 돌면서 특유의 향이 강한 것을 고른다. 건파래의 경우 비린내가 적고 단맛이 나면서 파래 고유의 맛이 나는 것이 좋다.

보관 방법

냉장

보관 기간 : 10일(물파래). 굵은 소금에 파래를 넣고 문질러 씻은 후 이물을 제거한 후 또 문질러 씻고 흔들면서 2회가량 물에 헹군 후 보관 용기나 지퍼백에 넣어 보관한다.

냉동

보관 기간 : 3개월. 랩 등으로 싸서 1회 먹을 분량씩 지퍼백이나 밀폐 용기에 담아 보관한다. 냉동했던 물파래는 약간 해동시킨 후 먹기 좋은 크기로 썰어주고, 양념을 하여 먹을 수 있다.

보관 TIP 물파래를 단기간 보관 시 데치지 않고, 물기를 어느 정도 제거한 후 밀폐 용기에 담아 냉장 보관한다. 건파래의 경우 먹기 좋은 크기로 자른 후 1회 먹을 양씩 포장하여 건조한 곳에 보관한다. 고온다습한 장마철을 지나는 경우 상온보다는 냉동 보관하는 것이 좋다.

더 알아보기

파래는 가시파래, 격자파래, 납작파래, 잎파래 등이 있으며, 향기가 풍부하고 맛이 독특하여 한국과 일본에서 즐겨 먹는다. 파래는 김에 섞어 파래김으로 이용하거나 생것을 초무침으로 이용한다. 건조된 것은 국에 넣어 이용한다.

물파래 손질법?

손으로 충분히 문질러 거품을 잘 헹군 후 물기는 살짝 제거하여 보관 용기에 담아 냉장 보관한다.

추천메뉴 새우파래 전

심플하고 똑똑한 식재료 보관법

03

채소

시금치, 양배추, 양상추, 상추, 깻잎, 배추, 쑥갓,
치커리, 청경채, 케일, 겨잣잎, 부추, 셀러리,
열무, 당근, 연근, 우엉,
쑥, 취나물, 냉이, 브로콜리, 달래,
가지, 애호박, 오이, 토마토, 풋고추, 홍고추

시금치

제철 : 봄 재배(6월), 여름 재배(7월 중순~9월 중순), 가을 재배(11월 중순~2월 중순) **원산지 :** 한국(포항)

비타민 A가 채소 중에서 가장 많으며, 비타민 C와 칼슘, 철분이 풍부한 알칼리성 식품이다. 카로티노이드를 많이 함유한 식품 중의 하나이며 폐암 예방에 도움을 준다.

고르는 요령

짙은 초록색으로 싱싱하며 벌레 먹거나 시든 잎이 없는 것이 좋다. 국거리로는 잎이 넓고 줄기가 긴 것을, 나물로는 짤막하면서도 뿌리 부분이 불그스름한 것을 고른다.

보관 방법

냉장

보관 기간 : 3~7일. 신문지에 싼 뒤 비닐봉지에 넣어 뿌리가 아래쪽을 향하게 하여 보관한다.

냉동

보관 기간 : 1개월. 소금물에 데치고 물기를 빼서 소분한 후 랩에 싸거나 지퍼백에 넣어 보관한다.

보관 TIP 생으로 오래 보관할 때는 뿌리를 칼로 따지 말고 그대로 보관한다.

더 알아보기

사계절을 통해 재배되는 채소로 비가 많으면 병해가 심하다. 수산 성분이 많으므로 익혀 먹는 것이 좋다. 전라남도 신안군 비금면 비금도에서 재배되는 섬초가 맛이 좋기로 유명하다. 채취하여 하루만 지나도 반 이상의 영양분이 감소되는 약점이 있다. 시금치 성분 중 비타민 C는 열에 약하기 때문에 살짝 데쳐서 나물로 먹는 것이 가장 좋다.

시금치를 생으로 먹어도 될까?

생으로 먹어도 된다. 특별히 장이 약한 사람이라면 생채소를 피해야 되지만 특별히 그런 경우가 아니라면 가능하다. 이럴 때는 반드시 깨끗이 씻어 먹는다.

추천메뉴 시금치 피자

양배추

제철 : 3~6월　**원산지 :** 한국

위 건강을 돕는 데 특히 효과가 있으며, 암 예방, 혈액 순환, 해독 작용, 변비 개선 등의 효능이 있다. 겉잎에는 비타민 A와 철분, 칼슘이 풍부하고, 하얀 속잎에는 비타민 B군과 비타민 C 함량이 높다.

고르는 요령

모양이 동글동글하고 겉잎이 연한 녹색을 띠는 것이 좋으며, 묵직하고 양손으로 눌렀을 때 쉽게 들어가지 않는 단단한 것이 좋다. 양배추를 쪼갰을 때 추대(꽃대가 올라와 꽃이 피는 현상)가 올라오거나 노란색으로 변한 부위가 많지 않은 것을 고른다.

보관 방법

냉장

보관 기간 : 1주. 겉잎 2~3장을 떼낸 후 양배추의 몸통을 싸서 보관하면 건조나 갈변 현상을 막을 수 있다.

냉동

보관 기간 : 1개월. 사용 용도에 맞게 손질한 후 지퍼백에 소분하여 보관한다.

보관 TIP 한 통 자체로 보관이 어려울 때는 1/2 또는 1/4로 썰어 개별 포장 후 보관하는 것을 권장한다.

더 알아보기

양배추는 잎보다 줄기가 먼저 썩는 성질이 있으므로, 칼로 줄기를 잘라낸 후 물에 적신 키친타월을 잘라낸 부분에 넣어두면 더욱 싱싱하게 보관할 수 있다. 양배추에 함유된 대부분의 영양소는 열에 취약하기 때문에 생식으로 즙이나 주스를 만들어 먹는 것이 좋다. 가열 조리를 해야 할 때는 살짝 볶거나 데쳐서 사용하는 것이 좋다.

양배추를 채 썰고 씻을까? 씻은 후 채를 썰까?

씻은 뒤 채 써는 것을 권장한다. 이물질이 있는 상태에서 채를 먼저 썰면 이물질이 같이 붙을 수 있다.

추천메뉴 양배추 찜

양상추

제철 : 7~8월 **원산지 :** 한국

샐러드로 많이 이용되며 수분이 전체의 94~95%를 차지하고 있다. 양상추의 쓴맛은 락투세린과 락투신이라는 알칼로이드 때문으로, 최면 · 진통 효과가 있어 많이 먹으면 졸음이 온다.

고르는 요령

잎이 밝은 연두색을 띠고 윤기가 나며, 들어보았을 때 묵직하면서 속이 꽉 찬 것이 좋다. 뿌리 쪽을 살펴 갈색 빛이 돌지 않는 것을 고른다.

보관 방법

냉장

보관 기간 : 5일. 건조하지 않도록 랩에 싸거나 지퍼백에 넣어 보관한다. 절반으로 잘랐을 경우 랩으로 각각 싸서 보관한다.

보관 TIP 씻은 양상추를 이동하거나 보관할 때는 큰 비닐봉지에 키친타월을 깐 뒤 양상추 넣어 적당히 물기를 빠지게 하는 것이 싱싱함을 유지할 수 있는 포인트이다. 상한 양상추가 있을 경우 상한 부분을 빨리 제거하면 다 함께 시들어지는 것을 막을 수 있다.

더 알아보기

시들해서 떼어놓은 잎으로 남은 양상추의 겉을 감싸두면 오래 보관하는 데 효과적이다. 손질한 양상추는 얼음물에 담가두었다가 먹기 직전에 건져 요리하면, 더욱 아삭한 맛을 즐길 수 있다. 양상추 줄기에서 나는 우윳빛 유액에 함유된 일종의 알칼로이드 성분은 실제 신경 안정 작용을 해서 불면증에 효과적이다.

샐러드를 할 때 어떻게 썰까?

양상추처럼 연한 잎은 되도록 칼을 대지 않고 손으로 찢어 먹는 것이 좋다.

추천메뉴 양상추 샐러드

상추

제철 : 일 년 내내 **원산지 :** 한국

다른 엽채류에 비해 철분과 필수 아미노산이 풍부하다. 잎줄기를 꺾어 보면 우윳빛의 액즙이 나오는데 이 액즙의 락투카리움(Lactucarium) 성분은 심신을 안정시켜 스트레스와 통증, 불면증을 완화하는 데 도움을 준다.

고르는 요령

잎이 연하면서도 도톰하고 고유한 녹색을 잘 유지하고 있는 것이 좋다. 크기가 일정하고 상추 잎을 잘랐을 때 우윳빛 유액이 있는 것을 고른다.

보관 방법

냉장

보관 기간 : 1~3일. 씻어낸 상추는 물기를 제거하고 밀폐 용기나 지퍼백에 담는 등 공기를 차단하여 보관한다. 밀봉하여 보관할 경우 줄기 부분이 아래로 향하게 넣어 보관하면 오래 보관하는 데 효과적이다.

보관 TIP 상추의 복원 : 상추가 시들었을 때는 설탕 1스푼과 식초 2~3방울을 섞은 물이 담긴 그릇에 상추를 10~20분 정도 담그면 설탕의 삼투현상에 의해 상추에 물이 공급되어 싱싱해진다. 포기 상추 구입을 권장하며, 상추 잎은 먹을 만큼만 뜯어서 씻는다.

더 알아보기

기온이 따뜻한 곳이면 어디서든 잘 자란다. 보관 기간이 길지 않아 바로 소비하는 것이 좋다. 상추는 주로 육류와 곁들여 먹는 쌈채소로 사용되며 특히 돼지고기와 섭취할 시 콜레스테롤 축적을 억제해 동맥경화를 예방할 수 있다. 엽산과 철분이 풍부하게 들어있어 특히 임산부에게 좋은 음식이다.

상추를 익혀 먹을 수도 있을까?
우리 전통 음식으로 상추떡이 있다. 상추를 가지고 찐 떡으로 귀하고 맛이 좋다.

추천메뉴 상추 쌈

깻잎

제철 : 일 년 내내　**원산지 :** 한국

철분 함량이 매우 높은 채소로 빈혈을 예방하고 성장기 아동의 발육을 촉진하는 데 도움을 준다. 깻잎에 있는 항암물질 피톨(phytol)은 암세포와 병원성 균을 제거하여 면역 기능을 강화한다.

고르는 요령

잎이 짙은 녹색이며 부드럽고 향이 강한 것이 좋다. 줄기가 마르지 않고 옅은 초록색으로 생생하고 크기가 일정한 것을 고른다.

보관 방법

냉장

보관 기간 : 1~3일. 키친타월로 한 번 감싸 랩으로 씌운 후 보관한다. 쉽게 건조해지기 때문에 수분을 유지하는 것이 중요하다.

절임

보관 기간 : 1년. 간장, 식초, 설탕에 절여서 냉장실에 보관한다.

보관 TIP 깻잎은 올리브유와 잣 등 견과류를 넣어 페스토로 만들면 보관 기간이 길어진다.

더 알아보기

깻잎에는 잔털이 많아 이물질이 붙어있기 쉬우므로 한 장 한 장 신경 써서 깨끗이 씻는 게 좋다. 물 1L 기준 녹차 30g을 넣어 상온에서 30분간 우린 물에 깻잎을 5분간 담그고 흐르는 물에 씻어내면 농약 성분을 효과적으로 제거할 수 있다.

깻잎순 보관?
깻잎순은 나물처럼 데친 뒤 적당한 크기로 소분하여 냉동하면 이후에 나물이나 찌개에 이용하기 좋다.

추천메뉴 깻잎 장아찌

배추

제철 : 11~12월 **원산지 :** 한국(해남)

수분 함량이 약 95%로 매우 높아 원활한 이뇨 작용을 도와준다. 찬 성질을 갖고 있기 때문에 만성 대장 질환이 있는 경우에는 익혀서 섭취하는 것이 좋다.

고르는 요령

겉잎은 짙은 녹색을 띠며 속잎은 노란색을 띠는 것이 좋다. 뿌리는 크기가 작고 너무 굵지 않으며, 뿌리 주변이 단단한 것이 좋다. 양손으로 눌러봤을 때 단단한 느낌이 있고 속이 꽉 차 있는 것을 고른다.

보관 방법

상온

보관 기간 : 15일. 배추의 겉잎을 제거하지 않은 채 신문지에 싸서 통풍이 잘 되도록 한다. 배추에 싸둔 신문지가 젖으면 배추가 상할 수 있으므로 습기가 차면 신문지를 교체해주는 것이 좋다. 뿌리 부분이 아래쪽으로 가도록 세워서 보관한다.

냉동

보관 기간 : 3개월 이상 가능. 데쳐서 소분하여 냉동 후 국용으로 사용 가능하다.

염장

보관 기간 : 김치냉장고에서 3개월 이상 가능. 억센 겉잎은 소금을 듬뿍 넣어 김치를 담듯 담가 실온에서 익힌 후 김치냉장고에 보관할 수 있다.

보관 TIP 배추 밑동만 잘라놓고 겉잎부터 한 잎씩 필요한 만큼 잘라 사용하는 것이 좋다.

더 알아보기

배추의 비타민 C는 열 및 나트륨에 의한 손실률이 낮기 때문에 배추로 국을 끓이거나 김치를 담갔을 때도 비타민 C를 섭취할 수 있다.

배추 겉표면이 많이 시들 때?

배추는 거의 버릴 게 없는 채소다. 겉잎만 따로 떼어 데쳐서 냉동했다가 국을 끓이거나, 소금에 절여 묵은지처럼 담가 먹으면 된다.

추천메뉴 김치

쑥갓

제철 : 일 년 내내 **원산지 :** 한국

천연 항히스타민제로 불리며, 각종 비타민과 무기질을 풍부하게 함유하고 있어 면역력 강화와 알레르기 완화에 매우 효과적인 식재료이다. 비타민 A 함량이 높고 눈 건강에 도움을 준다.

고르는 요령

잎은 짙은 녹색을 띠고 광택이 있으며 줄기 아래쪽의 잎이 빽빽한 것이 좋다. 잎이 찢겨 있거나 짓물러 있지 않으며, 줄기가 짧고 가늘며 대가 탄력 있는 것을 고른다.

보관 방법

냉장

보관 기간 : 3일. 수분 유지가 중요하므로 분무기로 물을 뿌린 후 지퍼백에 담거나 신문지에 싸서 보관한다.

냉동

보관 기간 : 1개월. 소금물에 데쳐 물기를 제거하고 랩으로 싼 후 보관한다.

보관 TIP 냉장 보관할 때 키친타월이나 신문지를 사용하고 지퍼백에 넣어 보관한다.

더 알아보기

쑥갓을 장시간 물에 씻거나 삶을 경우 수용성 비타민인 비타민 C의 손실이 크기 때문에 단시간 내 흐르는 물에 씻어 사용한다. 데칠 때는 인체에 해로운 옥살산을 증발시키기 위해 소금을 넣고 뚜껑을 연 채 데치며, 데친 후에는 곧바로 찬물에 헹궈야 한다. 탕, 찌개에 사용할 경우 불을 끄기 직전에 넣는 것이 좋다.

쑥갓과 함께 먹으면 좋은 식재료는?

쑥갓은 비타민 D의 함량이 적으므로 표고버섯과 함께 섭취하면 부족한 영양소를 보충할 수 있다.

추천메뉴 쑥갓전

치커리

제철 : 7~8월　**원산지 :** 한국

열량은 낮은 반면 식이섬유와 칼륨, 칼슘 등 각종 무기질, 비타민이 풍부해 비만 등 각종 성인병 예방과 다이어트에 도움을 준다. 소화 촉진은 물론 항산화 성분이 있어 노화와 항암 예방에 도움이 된다.

고르는 요령

잎이 싱싱하고 윤기가 있으며, 잎이 벌어지지 않은 것이 좋다. 잎이 가늘고 길게 갈라져 있으며, 잎끝이 말린 것을 고른다(단, 적색 치커리는 잎끝에 주름이 많고 주름진 것이 정상이다).

보관 방법

냉장

보관 기간 : 5일. 치커리에 분무기 등으로 물을 뿌려 신문이나 키친타월 등에 싸서 지퍼백에 구멍을 뚫어 공기가 통할 수 있도록 하여 보관한다. 이때 과하게 물을 많이 뿌리면 치커리가 물러진다.

보관 TIP 구입 후 먹을 만큼만 덜어서 그때그때 씻는 것이 보관만큼 중요하다.

더 알아보기

신선한 상태로 오래 보관하기가 어려우므로 필요한 양만큼 구입해 바로 사용하는 것이 좋다. 우리나라에서는 쌈채소, 샐러드 등 생으로 활용하는 경우가 많지만, 독일과 프랑스에서는 굵은 뿌리를 말려 가루로 만든 다음 커피 대용으로 마시거나 커피의 색이나 쓴맛을 짙게 하는 첨가제로 사용하기도 한다.

씁쓸한 맛을 줄이는 방법?
요리에 사용할 때 치커리의 쓴맛이 강할 경우, 설탕을 곁들여 주면 쓴맛을 줄일 수 있다.

추천메뉴 치커리 사과 무침

청경채

제철 : 일 년 내내 **원산지 :** 한국

비타민 C가 풍부해 꾸준히 섭취하면 피부 미용에 좋다. 나트륨 함량은 적고 혈압 조절 역할을 하는 칼륨과 칼슘이 많아 혈압 감소에 도움을 준다.

고르는 요령

잎 부분은 폭이 넓고 부드러우며 줄기 부분은 굵으면서 두툼하고 단단한 것이 좋다. 겉으로 볼 때 윤기가 있고 수분이 있어 싱싱해 보이는 것을 고른다.

보관 방법

냉장

보관 기간 : 1주. 씻지 않은 상태에서 구멍을 뚫어준 지퍼백에 넣어 보관한다.

냉동

보관 기간 : 3개월. 청경채를 데친 후 물기를 없앤 뒤 지퍼백이나 플라스틱 통에 넣어 보관한다.

보관 TIP 줄기와 잎의 차이가 크기에 썰어서 하는 요리를 할 경우, 잎과 줄기를 따로 모아서 보관한다.

더 알아보기

시들거나 지저분한 부분은 정리해주고, 흐르는 물에 깨끗이 씻어서 이용한다. 청경채에 함유된 지용성 β-카로틴은 기름과 만나면 더욱 잘 흡수되기 때문에 기름에 볶거나 데칠 때 참기름 몇 방울을 떨어트리면 좋다. 쌈채소나 샐러드에 생으로 넣어 먹고, 볶음용 요리에 활용한다.

청경채도 김치가 가능할까?
일반 김치보다는 겉절이를 권장한다.

추천메뉴 청경채 볶음

케일

제철 : 7~8월 **원산지 :** 한국

β-카로틴의 함량이 가장 높은 채소로 우리 몸에 유해한 활성 산소를 억제하는 항산화 작용을 하며 면역력 향상에 도움을 준다. 눈 건강에 좋은 루테인도 매우 풍부하게 함유되어 있다.

고르는 요령

잎이 진한 녹색을 띠며 들어보았을 때 묵직하고 표면에 반점이 없는 것이 좋다. 녹즙용으로는 잎이 크고 대가 굵은 것을, 쌈이나 샐러드용으로는 부드럽고 어린 것을 고른다.

보관 방법

냉장

보관 기간 : 5일. 신문지나 지퍼백에 싸서 보관한다.

냉동

보관 기간 : 3개월. 줄기를 중심으로 돌돌 말아 통에 넣어 보관한다.

보관 TIP 냉동 시에는 씻은 후 깨끗한 면보나 키친타월로 물기를 닦아서 보관한다.

더 알아보기

뿌리나 잎에 묻은 이물질을 떼어내고 흐르는 물에 깨끗이 씻어 체에 밭쳐 물기를 제거한 후 사용한다. 녹즙을 만들 때 식초나 레몬 등을 넣어 함께 갈면 비타민 C의 손실을 줄일 수 있다. 익혀서 섭취할 때는 영양소 파괴를 막기 위해 5분 이상 가열하지 않는 것이 좋다. 샐러드에 활용할 때는 로메인 상추와 함께 사용하면 케일 특유의 쓴맛을 줄이고 고소한 맛을 더할 수 있다.

케일도 익혀 먹을 수도 있을까?

식물성 오일을 이용하여 다른 채소 또는 고기와 볶는 요리에도 좋고 된장국에 이용해도 좋다.

추천메뉴 케일 주스

겨잣잎

제철 : 일 년 내내 **원산지 :** 한국

수분 함량이 매우 높은 채소로 칼륨과 엽산의 함량이 매우 높고 나트륨 함량이 낮아 고혈압을 예방하는 효과가 있다. 비티민 K와 글루코시놀레이트(glucosinolate)가 풍부하여 체내 염증을 억제시키는 데 효과적이다.

고르는 요령

잎이 두꺼우며 결점과 황변 혹은 갈변한 부분이 없고, 곱슬겨자채의 경우 잎의 색깔이 짙은 녹색인 것이 좋다. 적겨자의 경우 붉은색이 선명한 것을 고른다.

보관 방법

냉장

보관 기간 : 3~4일. 지퍼백에 밀봉하여 공기와의 접촉을 최대한 제한하여 보관한다.

보관 TIP 냉장 보관을 권장하나 가열 요리에는 냉동 보관도 가능하다. 다른 채소와 혼합하지 말고 따로 보관하는 것이 좋다.

더 알아보기

잔류 농약을 제거하기 위해 바로 흐르는 물에 씻지 않고 10분 정도 물에 담가둔 후 손으로 저으며 씻은 후 흐르는 물에 씻는 것이 효과적이다. 장시간 데칠 경우 특유의 매운맛이 감소하기 때문에 살짝 데쳐야 한다. 겨자가 생선회의 비린내를 잡아주고 생선회 섭취 시 체내의 어독을 풀어주는 역할을 하기 때문에 생선회와 곁들이면 좋은 채소다.

겨잣잎을 익혀도 될까?

대부분 생으로 먹으며, 끓여 식힌 간장이나 소금물을 이용한 장아찌를 담그기도 한다.

추천메뉴 겨잣잎 샐러드

부추

제철 : 3~9월　**원산지 :** 한국

비타민 B군 함량이 많은 봄 부추는 정유 성분인 알리신과 결합하여 비타민 B군의 흡수율을 높여 천연 자양강장제라는 말이 있을 정도로 피로 해소에 효과적이다. 약간의 매운맛과 신맛을 가지고 있으며, 특유의 향이 있는데, 이는 부추의 유황 화합물에 의해 나는 것이다.

고르는 요령

잎의 끝이 마르거나 뒤틀려 있지 않고 생기가 있으며, 만졌을 때 촉감이 부드러운 것이 좋다. 색깔이 선명한 녹색을 띠고 줄기가 연한 것을 고른다.

보관 방법

냉장

보관 기간 : 5~7일. 흙이 붙은 상태로 키친타월에 싸서 보관한다.

냉동

보관 기간 : 1개월. 깨끗이 씻은 후 하루 정도 채반에 널어두어 물기를 제거한 후 용도에 맞게 다지거나 썰어서 지퍼백에 넣은 후 보관한다(가열하는 음식에 사용한다).

보관 TIP　부추는 잎이 매우 여려서 여러 번 치대면 쉽게 무르기에 씻을 때 주의가 필요하다.

더 알아보기

부추는 낫이나 칼로 베어 수확하기 때문에 잘린 단면에 흙이나 먼지가 많이 묻어 있을 수 있어 깨끗이 씻어내야 한다. 부추의 뿌리 부분을 물에 10분 정도 담가 놓으면 이물질은 가라앉고 부추는 물 위로 뜨는데 이때 위에 뜬 부추를 살짝 흔들며 건진 뒤 흐르는 물에 씻어주면 효과적이다.

부추가 많을 때 활용 방법?
부추 즙을 만들어서 소분하여 냉동 보관한 뒤 전, 국수, 소스 등에 활용할 수 있다.

추천메뉴　부추전

셀러리

제철 : 6~10월 **원산지 :** 한국

수분과 비타민이 풍부한 채소로 눈에 좋은 비타민 A 함량이 많고 비타민 B_1, B_2, C 등도 다량 함유되어 있다. 나트륨을 몸 밖으로 배출시키는 칼륨이 풍부하며 식이섬유 함량이 많고 포만감을 줘 다이어트 음식으로도 효과적이다.

고르는 요령

줄기는 굵고 길며 단단하고 심줄이 또렷하게 박혀있는 것을 고른다. 겉대와 속대의 굵기가 일정하며 연녹색을 띠는 것이 좋다. 눌렀을 때 움푹 들어가거나 포기가 갈라지지 않는 것을 고른다.

보관 방법

냉장

보관 기간 : 3일. 손질하기 전 상태 그대로 신문지에 싼 후 보관한다.

냉동

보관 기간 : 1개월. 잎사귀와 줄기를 살짝 데친 후 지퍼백에 넣어 보관한다.

보관 TIP 구입 후 셀러리를 적당한 길이로 잘라 보관하는 습관을 갖는 것이 좋다.

더 알아보기

깔끔한 맛이 있어 느끼함을 잡아주기 때문에 고기 요리에 곁들이기에도 좋다. 샐러드나 생즙의 재료로 쓰면 좋은데 향이 강해 날로 한꺼번에 많이 먹기 어려우면 수프에 넣거나 고기, 생선 등과 함께 볶아 먹는다.

셀러리 잎도 먹어도 될까?
셀러리 잎도 먹어도 된다. 먹는 것이 부담스럽다면 고기 국물을 낼 때 함께 넣으면 잡내를 잡아주는 역할을 한다.

추천메뉴 셀러리 샐러드

열무

제철 : 7~9월 **원산지** : 한국

식이섬유는 물론 비타민과 무기질이 풍부해서 식욕을 돋워주고, 땀으로 빠져나간 양분을 보충하는 데 좋은 음식이다. 비타민 B군, 비타민 C, β-카로틴 등 비타민이 풍부하며 사포닌 성분이 다량 함유되어 있다. 혈액의 산성화 방지와 식욕을 증진시킨다.

고르는 요령

잎이 연둣빛으로 싱싱하고 잘랐을 때 줄기의 단면에 수분감이 있는 것이 좋다. 키가 작고 뿌리 부분이 날씬한 어린 열무 줄기로 도톰한 것을 고른다.

보관 방법

냉장

보관 기간 : 2~3일. 신문지나 키친타월에 싸서 밑동을 아래로 향하게 하여 보관한다.

건조

보관 기간 : 1년. 그늘지고 바람이 잘 부는 곳에 채반을 활용하여 말려서 시래기로 만들어 보관한다.

보관 TIP 샐러드용 어린 열무는 샐러드 채소처럼 젖은 면보나 키친타월을 덮어서 냉장고에 넣어두면 좋다.

더 알아보기

뿌리와 줄기 사이의 거뭇한 부분을 칼로 긁어내며 손질한다. 그 후 맑은 물에서 깨끗하게 씻어주는 것이 위생적이다. 열무에는 비타민 A가 풍부하게 들어있는데, 열무 나물을 만들 때 들기름을 살짝 넣어 볶아주면 흡수율을 높일 수 있다. 열무는 자칫하면 풋내가 날 수 있기 때문에 살살 다루어야 하는데, 특히 김치를 담글 때 소금에 절이는 대신 약 15~20% 농도의 소금물에 절이면 좋다.

열무김치도 반드시 절여야 할까?

어린 열무는 연해서 절일 필요가 없다. 절여도 살짝만 절인다.

추천메뉴 열무김치

당근

제철 : 9~11월　**원산지 :** 한국(제주, 밀양, 김해, 평창)

녹황색 채소 중 β-카로틴의 함량이 가장 높은데 β-카로틴은 체내 흡수되면 비타민 A로 전환되어 눈 건강에 도움을 준다. 이외에도 항산화 작용으로 노화 방지 및 암 예방에 도움을 준다.

고르는 요령

주황색이 선명하고 진하며, 표면이 매끈매끈한 것이 좋다. 또한 모양이 단단하면서 휘지 않은 것이 좋다. 머리 부분에 푸른빛이 돌거나 꽃이 피지 않은 것을 고른다.

보관 방법

상온

보관 기간 : 1주. 흙이 묻은 채로 신문지에 싸서 그늘지고 서늘한 곳에 보관한다.

냉장

보관 기간 : 1주. 흙을 깨끗이 씻어 물기를 제거한 후 지퍼백에 밀봉하여 보관한다.

보관 TIP 보관 시 자른 단면에 물을 뿌린 후 랩으로 잘 밀봉하여 냉장고에 보관한다.

더 알아보기

줄기가 붙어있던 윗부분을 칼로 제거해준 후 솔로 껍질을 문질러가면서 씻어내는 것이 효과적이다. 당근에 함유된 비타민 A는 지용성 비타민으로 기름과 함께 섭취하면 흡수율이 훨씬 높아지기 때문에, 껍질째 기름과 함께 요리하는 것이 당근의 영양을 온전히 즐길 수 있는 조리법이다.

당근 잎을 먹어도 될까?

먹어도 된다. 청량감이 있고 마치 미나리와 비슷한 맛과 향을 가졌다. 하지만 한국에서는 잎이 제거된 당근이 유통되어 도시 소비자는 접하기 어려운 게 현실이다.

추천메뉴 당근 케이크

연근

제철 : 10월 말~11월 초　**원산지 :** 한국

'연우(蓮藕)'라고도 한다. 진흙 속을 가로로 기는 땅속줄기는 마디가 있고 희고 가늘며, 가을에 비대해져서 연근이 된다. 연근에는 탄닌, 철분, 아미노산, 비타민 C 등의 영양소가 풍부하다.

고르는 요령

모양이 길고 굵으며 잘랐을 때 속이 희고 부드러운 것을 고른다.

보관 방법

냉장

보관 기간 : 1주. 연근을 통으로 신문지에 싼 후 비닐봉지에 넣어 냉장 보관한다.

냉동

보관 기간 : 3개월. 식초를 약간 넣은 물에 약 5분 정도 데친 후 지퍼백이나 비닐백에 조금씩 나눠 담은 후 냉동실에 보관한다.

보관 TIP 껍질을 벗긴 즉시 식초를 넣은 물에 살짝 씻어준 후 물을 제거하고 신문지 등에 감싸서 보관한다.

더 알아보기

연은 꽃잎부터 뿌리까지 버릴 것이 없다. 꽃잎은 향긋한 차로, 연잎과 그 아래 줄기인 연근은 식재료로 사용하는 등 모든 부위를 다양하게 활용할 수 있다. 이 중 식재료로 가장 많이 활용하는 연근은 연의 줄기(뿌리라는 의견도 있다.) 부분으로 식이섬유가 풍부하며 특유의 아삭한 식감을 갖고 있어 다양한 요리에 활용된다.

연근을 생으로 먹을 수 있을까?

보통은 익혀 먹는 경우가 많은데 겉절이나 김치에 얇게 썬 연근을 넣어 먹는 경우도 있다.

추천메뉴 연근 장아찌

우엉

제철 : 8~10월 **원산지 :** 한국

식이섬유의 일종인 이눌린(inulin)이 풍부하여 이뇨 작용과 다이어트와 당뇨에 효과적이다. 쓴맛을 내는 탄닌(tannin) 성분은 소염과 해독 작용을 하며, 염증과 가려움에도 좋다.

고르는 요령

바람이 들지 않고 너무 건조하지 않으며 껍질에 흠이 없고 매끈한 것이 좋다. 수염뿌리나 혹이 없고 잘랐을 때 부드러운 것을 고른다.

보관 방법

냉장

보관 기간 : 1주. 흙이 묻어있는 우엉을 신문지를 돌돌 말아 위생 봉지에 넣어 보관한다.

냉동

보관 기간 : 3개월. 손질한 우엉을 적당한 크기로 썰어 식초를 넣어 끓는 물에 데친 후 밀폐 용기에 담아 냉동 보관한다.

건조

보관 기간 : 냉동실에서 3개월 이상 가능. 껍질째 씻은 우엉을 어슷 썰어 통풍이 잘 되는 곳에서 하루 정도 건조 후 이틀 정도 말린 후 마른 팬에 볶는다.

보관 TIP 남은 우엉은 그대로 신문지로 싼 뒤 랩으로 말아 냉장고에 두면 며칠 사용은 가능하다.

더 알아보기

우엉을 말린 뒤 덖은 우엉차에는 항산화 작용을 하는 폴리페놀과 레스베라트롤이 풍부하게 함유되어 있어 활성산소를 없애 노화를 방지한다.

어떤 크기의 우엉이 좋을까?

좋은 우엉을 고르려면 지름 2cm 정도의 동전 굵기인 것이 좋다. 또한 표면에 잔뿌리나 혹 없이 매끈한 것, 끝부분에 틈이 없는 것, 바람이 들지 않고 너무 건조하지 않은 것을 선택하는 것이 좋다.

추천메뉴 우엉조림

쑥

제철 : 3~4월 **원산지 :** 한국

특유의 향을 내는 정유 성분인 시네올(cineol)을 함유하고 있어 면역과 해독 작용에 뛰어나며 부인병 예방에 특히 효과가 있다. 한방에서는 쑥을 복통, 구토, 지혈 및 빈혈, 진통, 해열, 해독, 구충, 소화 작용 등에 중요한 약재로 사용한다.

고르는 요령

뽀얀 연둣빛을 띠며 앞뒤나 줄기에 흰색 털이 있으며, 만졌을 때 부드럽고 여린 것이 좋다. 길이가 4~5cm 정도로 잎과 줄기가 크지 않은 것을 고른다.

보관 방법

냉장

보관 기간 . 3일. 물기가 없는 상태로 비닐백에 담아 밀봉한 후 보관한다.

건조

보관 기간 . 1년. 쑥을 삶아서 햇볕과 바람이 잘 드는 곳에 채반을 이용하여 널어 두고 말린 뒤 밀봉하여 사용한다. 냉동 보관하면 더 효과적이다.

보관 TIP 쑥가루는 쑥을 씻고 소금을 약간 넣은 물에 빠르게 데치고 건조시킨 뒤 푸드 프로세서로 쑥을 갈아주면 된다.

더 알아보기

가장 맛있고 좋은 쑥은 이른 봄에 솟아난 연둣빛의 연한 잎줄기다. 잎의 색이 진하면 쓴맛이 강하고 식감이 좋지 않다.

일반 쑥과 약쑥은 모양이 다를까?

일반 쑥은 보통 우리가 쉽게 보는 쑥에 해당하며 잎이 비교적 뾰족한 깃 모양이며 잎이 얇다. 일명 '사자발쑥'이라고도 하는 약쑥은 외형적으로 잎이 두터우면서 끝이 둥글고 사자의 발 형상을 하고 있다. 그중 강화약쑥이 잘 알려져 있다.

추천메뉴 쑥떡

취나물

제철 : 3~5월 **원산지 :** 한국

칼슘, 철분, 비타민 A 등이 풍부하며, 특히 비타민 A는 동량의 배추보다 10배를 더 함유하고 있다. 칼륨 성분이 많은 알칼리성 식품이며, 칼륨은 우리 몸에 쌓여있는 유해한 염분을 배출해준다.

고르는 요령

잎이 밝은 연녹색이면서 시든 부분 없으며 뒷면에 윤기가 흐르는 것이 좋다. 줄기 끝에 붉은빛이 감돌면서 특유의 향이 퍼지며, 잎이 뻣뻣한 것보다는 부드러운 것을 고른다.

보관 방법

냉장

보관 기간 : 2~3일. 씻지 않은 채 지퍼백에 넣어 입김을 불어준 뒤 밀봉하여 보관한다.

냉동

보관 기간 : 1개월. 깨끗이 씻은 취나물을 살짝 데친 후 물기를 꼭 짜서 지퍼백에 넣어 보관한다.

건조

보관 기간 : 1년. 취나물을 삶은 후 햇볕과 바람이 잘 드는 곳에 채반을 이용해 널어서 말린 후 보관한다.

보관 TIP 연한 취나물을 삶을 때에는 끓는 물을 부어서 몇 번 휘저은 후 헹군다.

더 알아보기

취나물은 봄을 대표하는 식재료인 만큼 봄에 채취하여 유통되는 것이 맛과 향이 가장 좋다. 겨울철에 나는 선명한 푸른색의 취는 울릉도 취이며, 봄철에 나오는 참취가 맛과 향이 가장 뛰어나다. 말린 취나물은 따뜻한 물에 약 5시간 정도 충분히 불려준 후 끓는 물에 20분간 삶아준다. 그 후 불을 끄고 삶은 물에 2시간 정도 그대로 담가두었다가 건져서 물기를 꼭 짜서 조리한다.

취나물 줄기도 먹어도 될까?

물론 먹어도 되지만 나물의 채취 시기가 지나 억세졌을 때에는 센 줄기를 다듬어 없애는 것이 좋다.

추천메뉴 취나물 무침

냉이

제철 : 3~4월 **원산지 :** 한국

단백질과 비타민이 풍부한 알칼리성 식물로 피로 회복 및 춘곤증에 좋다. 잎에는 β-카로틴이 다량 함유되어 있으며 뿌리에는 알싸한 향의 콜린 성분이 들어 있어 간 질환 예방에 도움을 준다.

고르는 요령

잎과 줄기가 작고 부드러운 어린 것이 좋다. 뿌리는 너무 단단하거나 누르스름하지 않고, 잔털이 적은 것을 고른다. 또한 잎은 선명하고 진한 것을 고른다.

보관 방법

냉장

보관 기간 : 3일. 흙이 묻은 상태에서 키친타월로 잘 싸서 지퍼백에 담아 보관한다.

냉동

보관 기간 : 1개월. 데친 것을 썰어 지퍼백에 보관한다.

건조

보관 기간 : 냉동실에서 3개월. 삶아서 건조한 후 사용한다. 이를 냉동 보관한다.

보관 TIP 냉이는 억센 뿌리 부분이 있기에 세척 후 잘게 썰어서 냉동 또는 건조 보관하면 요리에 사용하기 쉽다.

더 알아보기

흐르는 물에 잘 씻어 흙을 제거한 뒤 냉이의 잔뿌리를 칼로 살살 긁어낸다. 뿌리와 잎 사이의 거뭇한 부분을 특히 신경 써서 긁어내고, 시든 잎을 떼어내고 30분 정도 물에 담가둔다. 물에 젖은 흙이 가라앉으면 물을 버리고, 흐르는 물에 헹궈서 마무리하면 냉이를 보다 깨끗하게 손질할 수 있다.

냉이를 어느 정도 데쳐야 될까?

데치는 도중 냉이를 꺼내어 뿌리를 만져보고 겉이 익을 듯하면 건진다.

추천메뉴 냉이 무침

브로콜리

제철 : 10~12월 **원산지** : 한국

노화를 막고 피부에 생기를 불어넣는 비타민 E, 비타민 C와 변비에 좋은 식물성 섬유가 풍부하다. 브로콜리에 함유된 설포라판(sulforaphane)과 인돌(indole) 화합물이 항암 작용을 하는 것으로 알려져 있다.

고르는 요령

봉오리가 꽉 다물어져 있고, 중간이 볼록하며, 색이 진하고, 단단한 것을 고른다.

보관 방법

냉장

보관 기간 : 2~3일. 살짝 데쳐서 지퍼백에 넣어 보관한다.

냉동

보관 기간 : 1개월. 살짝 데쳐서 지퍼백에 넣어 보관한다.

보관 TIP 이유식용은 데쳐서 간 후 얼음용 큐브에 넣어 냉동 보관하면 사용이 편리하다.

더 알아보기

열을 가해도 영양이 거의 파괴되지 않고 먹기에도 수월해서 보통 생으로 먹기보다 데쳐서 먹는다. 삶을 때 끓는 물에 소금을 약간 넣고 줄기부터 넣어 삶으면 비타민 C의 손실을 최대한 줄일 수 있다. 참기름으로 볶거나 참깨를 뿌리는 등 참깨와 함께 먹으면 β-카로틴의 흡수율을 높일 수 있다.

브로콜리의 대를 먹어도 될까?

익혀서 모든 부분 다 먹어도 된다. 그냥 먹어도 되고 카레 등 음식 속에 넣어도 좋다.

추천메뉴 브로콜리 수프

달래

제철 : 3~4월 **원산지 :** 한국

매운맛을 내는 주요 성분인 알리신(allicin)이 함유되어 있어 식욕 부진이나 춘곤증에 좋다. 입술 터짐, 잇몸병 등 비타민 B군의 결핍에서 오는 병에 대한 저항력을 키워주며, 신진대사를 촉진한다. 풍부한 철분이 여성 질환과 빈혈을 예방해준다.

고르는 요령

잎이 진한 녹색이고 뿌리는 매끄럽고 윤기가 나며 둥근 것이 좋다. 줄기가 시들거나 누렇게 뜨거나 마르지 않고 알뿌리 크기가 적당한 것을 고른다.

보관 방법

냉장

보관 기간 : 1주. 물을 살짝 뿌려준 뒤 키친타월이나 신문지 등에 감싸 지퍼백에 넣은 후 보관한다.

냉동

보관 기간 : 1개월. 먹기 좋은 크기로 썰어서 밀폐 용기에 담아 보관한다(생으로 쓸 수 없으며, 국이나 찌개 등에 사용한다).

건조

보관 기간 : 냉동실에서 3개월. 씻어서 물기를 제거한 뒤 건조기에서 말려 냉동 보관한다.

보관 TIP 만일 달래가 많으면 다진 후 냉동했다가 그때그때 양념장 만들 때 넣으면 된다.

더 알아보기

손질할 때는 먼저 껍질을 벗기고 깨끗한 물로 씻어주고, 씻을 때는 흐르는 물에 흙까지 깨끗하게 씻는다. 달래는 가열 조리하면 영양소의 손실이 발생하므로 가능한 한 생으로 먹는 것이 좋다. 시간이 지날수록 매운맛이 약해지고 잎과 줄기가 쉽게 무를 수 있어 가능하면 빨리 먹도록 한다.

달래와 마늘을 같이 넣어도 될까?

물론 같이 넣어도 된다. 달래와 마늘에는 공통적으로 매운맛 성분인 알리신이 들어 있으므로, 유사한 성질을 갖기에 달래 요리에는 마늘을 애써 많이 사용할 필요는 없다.

추천메뉴 달래 양념장

가지

제철 : 4~8월 **원산지 :** 한국(여주)

저열량 식품으로 식이섬유가 풍부하여 다이어트에 좋다. 가지의 보랏빛을 내는 안토시아닌계 색소인 히아신(hyacin)과 나수닌(nasunin)은 혈관 속에 쌓이는 노폐물을 제거하여 암이나 동맥경화, 고혈압 예방에 도움을 준다.

고르는 요령

꼭지 끝이 싱싱하고, 마르지 않으며, 과실 표면에는 흠이 없고, 매끈한 것이 좋다. 또한 손으로 만져 보아 단단한 것이 좋다. 색깔은 검보라색으로 선명하고 광택이 있는 것을 고른다.

보관 방법

상온

보관 기간 : 5일. 저온에 약하므로 실온에 보관하는 것이 가장 좋다.

냉장

보관 기간 : 5일. 지퍼백에 넣어 보관한다.

냉동

보관 기간 : 1개월. 굵게 잘라서 소금에 절여 물을 빼고 지퍼백에 넣어 보관한다.

건조

보관 기간 : 1년. 씻은 다음 세로로 얇게 썰어 햇볕에 널어 말린 후 지퍼백에 넣어 보관한다.

보관 TIP 농약 성분이 걱정된다면 농약이 모여있는 가지 끝부분을 잘라 버리는 것도 한 방법이다.

더 알아보기

가지는 꼭지만 제거하여 껍질째 먹기 때문에 깨끗이 씻어주는 것이 중요하다. 가지를 물에 충분히 담가놓으면 떫은맛이 우러나와 먹기가 수월하다. 스펀지 같은 과육이 기름을 잘 흡수하여 기름에 볶거나 튀기면, 불포화지방산 중 하나인 리놀산(lino酸)과 지용성 비타민 E 섭취에 도움이 된다.

말린 가지는 반드시 물에 불려야 될까?

말린 정도에 따라 다르나 30분 정도 불린다. 물에 헹궈 물기를 꼭 짠 후, 끓는 쌀뜨물에 살짝 데쳐 찬물에 헹궈 요리해도 좋다.

추천메뉴 구운 가지 샐러드

애호박

제철 : 3~10월 **원산지 :** 한국

주성분인 당질과 비타민 A와 C가 풍부하여 소화 흡수가 잘 된다. 위궤양 환자나 회복기의 환자도 쉽게 먹을 수 있다. 소화력이 약한 아이들 영양식이나 이유식으로도 좋다.

고르는 요령

모양이 곧고 일정한 것이 좋다. 또한 색깔이 진한 초록색으로, 윤기가 흐르며, 껍질이 연한 것이 좋다. 조직이 치밀하고 단단하며, 씨가 여물지 않은 것을 고른다. 또한 꼭지는 마르지 않은 것을 고른다.

보관 방법

냉장

보관 기간 : 1주. 표면에 물기를 없애고 수분 흡수력이 좋은 키친타월 또는 신문지에 싸서 보관한다.

건조

보관 기간 : 1년. 원형이나 먹기 좋을 정도로 얇게 썰어서 바람이 잘 통하는 채반에 올려 그늘진 곳에서 말려 보존한다.

보관 TIP 여러 개의 애호박이 있을 경우, 꼭지를 따지 말고 개별 포장해두는 것이 오래 간다.

더 알아보기

단면을 잘랐을 때 씨앗이 너무 크거나 누렇게 들뜬 것은 오래된 것이다. 깍둑썰기를 한 애호박은 주로 찌개나 볶음 요리에 사용되며, 슬라이스를 하면 전, 부침, 찜 요리에 활용할 수 있다. 채 썬 호박은 볶음, 부침, 과자, 푸딩 등에 다양하게 이용한다.

애호박과 주키니는 다를까?

애호박은 동양계 호박(C. moschata)이고 주키니(일명 돼지호박)는 페포계 호박(Cucurbita pepo)으로 호박 종류가 다르다. 애호박은 한국 음식에 많이 사용되고 주키니는 서양 음식에 쓰일 때가 많다.

추천메뉴 애호박 전

오이

제철 : 4~7월 **원산지 :** 한국

비타민 C가 함유되어 있어 피부 미용과 보습 효과가 크다. 칼륨이 들어 있어서 수분과 함께 이뇨 작용을 도와 숙취 해소에 도움이 되고, 나트륨의 배출에 도움을 준다. 차가운 성질을 가지고 있어서 체내의 열을 내려 여드름을 예방하고 땀띠를 진정시키는 데 좋다.

고르는 요령

꼭지가 싱싱하고 적당한 크기와 두께, 모양이 일정하고 고유의 색상이 진하고 부드러운 것이 좋다. 만져보았을 때 단단한 느낌이 드는 것을 고른다.

보관 방법

냉장

보관 기간 : 5~10일. 씻은 후 하나씩 키친타월이나 랩으로 싸서 꼭지 부분은 위로 세워 보관한다.

냉동

보관 기간 : 1개월. 슬라이스로 썰어 가볍게 소금을 쳐 절여서 물기를 짠 후 소분하여 지퍼백에 넣어 보관한다(생식용으로 부적합하고 가열 요리에 사용한다).

염장

보관 기간 : 3개월 이상 가능. 소금물이나 된장, 간장 등에 박아 김치냉장고 내 밀폐 용기에 보관한다.

보관 TIP 소금 절임 후 수분을 없애는 것이 가장 중요한 핵심이다.

더 알아보기

꼭지 부분은 쓴맛이 강하고, 농약이 끝부분에 몰려있을 수 있으므로 제거한다. 생으로 먹을 때는 굵은 소금으로 겉면을 문질러 씻은 뒤 물에 헹궈주면 쓴맛이 없어진다. 소박이, 무침, 볶음 등 대부분의 요리에 사용한다.

오이를 찌개나 탕에 넣어도 될까?

수분이 많은 채소라 많이 넣지는 않지만, 오이를 넣은 '오이감정'은 우리나라 전통 음식 중에 하나이다.

추천메뉴 오이 소박이

토마토

제철 : 7~9월 **원산지 :** 한국

열매를 식용하거나 민간에서 고혈압 · 야맹증 · 당뇨 등에 약으로 사용한다. 색이 빨간 토마토가 건강에 더 유익하므로 완전히 빨갛게 익혀 먹는 것이 좋다. 열을 가해 조리해서 먹는 것이 좋다.

고르는 요령

과실이 크고 단단하며 붉은 빛깔이 선명하고 균일한 것이 좋다. 꼭지가 오그라들지 않고 단단하며 시들지 않은 것, 초록색을 띤 것을 고른다.

보관 방법

상온

보관 기간 : 2~3일. 햇볕이 들지 않고 통풍이 잘 되는 상온에서 보관한다.

냉장

보관 기간 : 1주. 5~10℃ 정도의 선선한 장소에 보관하거나 채소 칸을 이용한다. 꼭지를 아래로 향하게 하고, 서로 겹치지 않게 보관한다.

냉동

보관 기간 : 6개월 이상 가능. 끓는 물에 데쳐 껍질을 벗긴 후, 한 번 먹을 만큼 소분하여 지퍼백에 넣어 보관한다.

건조

보관 기간 : 냉동실에서 3개월. 오븐 또는 건조기에 건조한다.

보관 TIP 토마토는 햇볕이 들지 않는 실온 보관이 가장 좋다.

더 알아보기

토마토는 주로 생식을 하지만 주스로 가공되기도 하고, 토마토케첩, 토마토 퓌레 등으로 가공되어 서양 요리의 재료로 쓰인다. 토마토의 껍질을 벗기려면, 끓는 물에 잠깐 담갔다가 건진 후, 찬물에서 벗기면 손쉽게 벗길 수 있다.

짭짤이 토마토?

부산의 대저 토마토가 대표적이다. 산지가 바닷가 인근이기 때문에 토마토에 수분이 적고 맛이 짭짤하여 '짭짤이'라고도 부른다.

추천메뉴 토마토 그라탱

풋고추

제철 : 6~11월 **원산지 :** 한국

완전히 성숙하지 않은 상태의 고추로, 푸른색을 띠기 때문에 청고추라고 부른다. 과피는 매끈하고 두꺼우면서 연하다. 일반적으로 만져보아 단단한 것은 매운 편이고, 부드러운 것은 맵지 않다.

고르는 요령

좋은 풋고추는 크기와 모양이 균일하고, 과형이 크고, 깨끗하며, 윤택한 것이 좋다. 꼭지 부분이 마르지 않은 것을 고른다.

보관 방법

냉장

보관 기간 : 5일. 신문지에 싸서 냉장고에 보관하거나 비닐봉지에 넣어 보관한다. 또는 세척한 풋고추의 물기를 제거한 뒤 키친타월을 깔고 밀폐 용기나 지퍼백에 넣어 보관한다.

보관 TIP 오래 보관할 경우는 용도를 생각해서 썰어서 냉동할 수 있다. 찌개용으로 넣을 경우, 0.5cm 정도로 어슷 썰어, 씨가 있는 채로 보관하면 요리 시에 편하게 사용할 수 있다.

더 알아보기

고추는 풋고추인 채로 날로 먹기도 하고, 조림으로 먹기도 하며, 장에 절여 장아찌를 만드는 경우도 있다. 조림, 전, 잡채, 튀김 등에 이용된다. 풋고추에는 비타민 C, 비타민 A, 각종 미네랄 영양소가 많아 항산화 작용이 뛰어나다.

고추는 어떻게 세척할까?

꼭지를 붙인 채로 씻지 말고 먼저 꼭지를 떼내고 물에 깨끗이 씻는다. 꼭지 부근의 움푹 들어간 곳에 농약 등이 고일 수 있기 때문이다.

추천메뉴 고추 장아찌

홍고추

제철 : 7월 말~10월 말 **원산지 :** 한국

붉은 고추라고도 하는데, 풋고추(청고추)가 익어서 붉은색으로 변한 것이다. 건조시켜서 김치용으로 주로 이용된다. 비타민 C가 풍부하고, 캡사이신 성분이 많이 함유되어 있다.

고르는 요령

크기와 모양이 균일하고, 과형이 크고, 깨끗하며, 윤택한 것이 좋다. 말려서 사용할 때에는 붉은색으로 완전하게 착색된 것을 고른다.

보관 방법

냉장

보관 기간 : 5일. 신문지에 싸서 냉장고에 보관하거나 지퍼백에 넣어 보관한다.

건조

보관 기간 : 냉동실에서 3개월 이상 가능. 자연 건조(태양초), 열풍 건조 등 다양한 건조 방식으로 말린다. 건고추를 비닐봉지에 넣어 냉동 보관을 권장한다.

보관 TIP 홍고추는 씻은 뒤 믹서에 갈아 지퍼백에 넣는다. 그리고 냉동실에 얼려놓았다가 요리에 사용한다.

더 알아보기

홍고추는 비타민 A, C가 풍부하며, 특히 비타민 C가 사과보다 23배, 키위보다 4배나 많이 함유되어 있다. 또 홍고추에는 매운맛을 내는 캡사이신 성분이 많이 함유되어 있고 항산화 기능이 뛰어나며 혈액 내 콜레스테롤을 배출하여 혈압을 낮추는 데도 도움이 된다.

말린 고추는 어떻게 보관해야 좋을까?
분말로 빻아서 진공포장하여 냉동실에 보관하는 것이 좋다. 냉동 공간이 없어서 냉동 보관하지 못하는 경우에는 소금을 섞어 보관해도 좋다.

추천메뉴 아구찜

04

과일

사과, 배, 아보카도, 딸기, 포도,
오렌지, 바나나, 망고, 자몽, 레몬,
멜론, 블루베리, 복숭아, 수박,
키위, 파인애플, 참외, 감, 체리, 귤

사과

제철 : 10~12월 **원산지 :** 한국(안동, 청송, 영주 등)

수용성 식이섬유인 펙틴(pectin)은 위액의 점도를 높이고 악성 콜레스테롤을 내보내어 급격한 혈압 상승을 억제해준다. 피부 미용에 좋은 비타민 C도 다량 함유되어 있다.

고르는 요령

꼭지 반대 부위가 담황색(또는 담홍록색)으로 초록빛이 없는 것을 고른다. 고유의 특성과 향기를 가지고 있는 것이 좋다. 너무 크지 않고 모양이 고른 것이 좋다. 병충해 및 흠집이 없고 꼭지가 빠지지 않은 것을 고른다.

보관 방법

냉장

보관 기간 : 1주. 다른 과일과 같이 보관하면 다른 과일이 쉽게 숙성하기 때문에 따로 분리하여 지퍼백에 넣어 보관한다.

건조

보관 기간 : 냉동실에서 1개월. 건조기에 따라 달라지는 경우가 많다. 슬라이스 사과에 당분을 주었을 때 단 사과말랭이가 된다.

보관 TIP 세척하지 않은 상태에서 신문지로 낱개 포장하거나, 세척 후 물기를 제거하여 낱개 포장한다.

더 알아보기

1차로 베이킹소다로 문지른 후 물로 씻어내고, 2차로 식초를 넣은 물에 5~10분 정도 담가두었다가 물로 씻어내면 보다 깨끗하게 세척할 수 있다. 깎아서 공기 중에 두면 과육이 갈색으로 변하는데 이를 예방하려면 1L의 물에 1g의 설탕을 넣어 만든 설탕물에 담가둔다.

어떤 사과가 좋은 사과일까?

너무 반짝반짝 광택이 도는 것은 간혹 착색제를 사용했을 수도 있다. 빨간 광택으로만 기준을 삼지 말고 되도록 꼭지 있는 사과를 찾아 구입하는 것이 좋다.

추천메뉴 사과파이

배

제철 : 9~11월　**원산지 :** 한국(나주)

수분이 85~88%를 차지하며 펙틴이 풍부하다. 펙틴은 혈중 콜레스테롤 수치를 낮춰주고 변비를 예방한다. 기관지 질환에 효과가 있어 감기, 천식 등에 좋다.

고르는 요령

껍질이 팽팽하며 묵직한 것, 표면에 병충해가 없으며 상처가 없는 것이 좋다. 색상이 밝고 선명한 황갈색을 띠며, 껍질이 너무 두껍지 않고 단단한 것을 고른다.

보관 방법

냉장

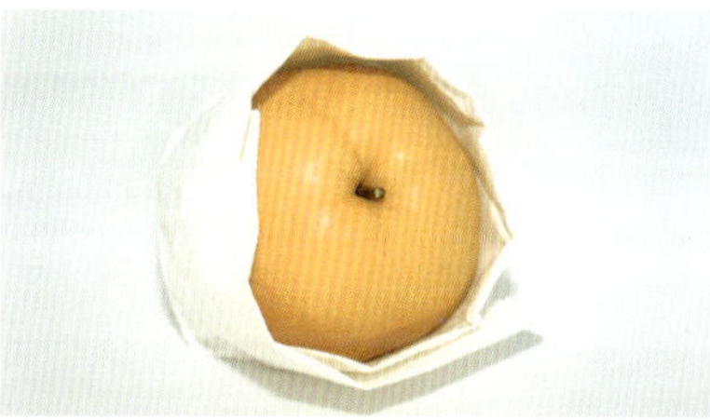

보관 기간 : 1주. 신문지에 싸서 보관한다. 날씨가 서늘한 경우 응달 창고나 베란다에 보관할 수 있으나 낮과 밤의 온도 차가 큰 곳에서는 오래 보관하지 않도록 한다.

보관 TIP 한꺼번에 먹지 못할 때는 공기와 차단될 수 있게 낱개로 랩을 감싼 후 냉장 보관한다. 이때 김치냉장고에 넣어두면 더 오래 보존할 수 있다. 깍둑썰기 하여 지퍼백에 넣어 냉동 보관했다가 배 주스를 만들어 먹어도 좋다.

더 알아보기

서양배, 중국 배, 남방형 배로 나누어지며 세 가지 모두 맛과 생김새가 다르다. 연육 효소가 들어 있어 고기를 연하게 할 때 갈아서 넣으면 단백질의 연육을 도와 부드럽게 먹을 수 있다.

시간이 지나 물컹해진 배는 어떻게 이용하면 좋을까?
물컹해진 배는 배숙이나 꿀과 함께 달이는 배달임 등으로 조리하는 것을 권장한다. 끓였을 때 기관지 등에 효과가 좋다.

추천메뉴 배 깍두기

아보카도

제철 : 일 년 내내 **원산지 :** 미국

열대 과일로서 비타민 A, C, E가 풍부하다. 양질의 지방을 함유하고, 지방의 대부분이 리놀산으로 불포화지방산이며 콜레스테롤 수치는 낮다. 과육은 버터같이 부드럽고 노란색을 띠며 독특한 향기가 난다.

고르는 요령

진한 녹색 혹은 갈색, 진보라색을 띠는 것을 고른다. 표면이 균일하고 매끈하며, 딱 떨어지는 타원형 모양이 좋다. 살짝 눌렀을 때 손가락 자국이 나며 껍질에 검은 반점이 없는 것이 좋다.

보관 방법

상온

보관 기간 : 1주. 덜 익은 경우에는 실온에 놓아두며 간혹 사과와 함께 밀봉하여 실온에 보관하면 후숙이 촉진된다.

냉장

보관 기간 : 3일. 익은 경우에는 신문지에 감싸 지퍼백에 넣어 보관하거나 랩과 포일을 두 겹으로 싸서 보관한다.

보관 TIP 남은 아보카도는 레몬즙이나 올리브유를 살짝 발라 갈변을 방지시킨다.

더 알아보기

열량이 높은 데다 알레르기 반응을 일으킬 수 있으므로 과도한 섭취는 피해야 한다. 씨를 따라서 칼을 넣어 좌우를 반대 방향으로 돌리면서 씨를 빼낸다. 껍질을 벗기고 원하는 요리에 맞는 크기로 잘라 사용한다.

익은 것을 어떻게 구별할 수 있을까?

초록색 껍질이 선명하고 딱딱한 것이 덜 익은 것이고, 더 진하고 검게 변하며 살짝 말랑한 것이 잘 익은 것이다.

추천메뉴 아보카도 샌드위치

딸기

제철 : 1~5월 **원산지 :** 한국

비타민 C가 풍부하여 항산화 작용이 뛰어난 과실이며, 딸기 속의 엘라그산(ellagic酸)은 암세포 억제에 도움이 된다. 멜라닌 색소의 증가를 억제해 기미, 주근깨 예방 등 피부 미용에도 효과적이다.

고르는 요령

선홍색이 돌고 윤기가 흐르면서 씨가 균등한 것이 좋다. 또한 꼭지가 마르지 않고 진한 초록색을 띠는 것이 좋다. 과육의 붉은색 빛깔이 꼭지 부분까지 도는 것을 고른다.

보관 방법

냉장

보관 기간 : 4일. 습도에 약하기 때문에 밀봉하여 보관하면 물러지거나 곰팡이가 생기기 쉬우므로 상자에 담아 꼭지를 떼지 말고 보관한다.

보관 TIP 냉동 보관할 경우에는, 꼭지를 떼고 세척한 다음, 채반에 받혀 물기를 최대한 뺀 뒤 냉동 보관한다. 이때 세척한 딸기를 원형 그대로 보관할 수도 있고, 딸기가 무른 경우에는 세척한 딸기를 지퍼백에 넣어 손으로 으깬 후 보관할 수도 있다.

더 알아보기

30초 이상 물에 담가두면 비타민 C가 물에 녹아 빠져나오므로 주의한다. 세척 시 식초나 소금을 탄 물에 헹구면 소독의 효과가 있어 좋다. 딸기는 우유, 유산균 음료, 요구르트 등과 함께 먹는 것이 칼슘이 보충되어 골다공증 예방에 좋다. 냉동한 딸기로 주스나 스무디를 만들어 먹을 수 있고, 으깨어서 냉동한 딸기는 요구르트에 넣어 먹거나 꿀이나 시럽과 혼합하여 팬케이크 위에 얹어 먹어도 좋다.

신선한 딸기 꼭지는 어떤 상태일까?
꼭지의 색상이 진한 초록색일 때 가장 신선하고, 검은색이면 수확하고 시간이 지난 상태다.

추천메뉴 딸기 잼

포도

제철 : 7월 말~8월 말 **원산지 :** 한국

숙성함에 따라 당분이 증가하고 산이 감소하며, 완숙하면 당분이 최대가 되며 당분은 보통 14~15%이다. 향미 성분으로는 여러 가지 유기산이 있는데, 주석산과 사과산이 대부분을 차지한다.

고르는 요령

알이 꽉 차고 당분이 새어 나온 하얀 것이 많고 낱알이 퍼져 있지 않은 것이 좋다. 포도송이는 위쪽이 달고 아래로 갈수록 신맛이 강하므로 아래쪽을 먹어보고 고른다.

보관 방법

상온

보관 기간 : 4일. 포도 봉지에 쌓인 상태로 보관한다.

냉장

보관 기간 : 4일. 포도 봉지에 쌓인 상태로 보관 또는 포도알을 따서 용기에 넣어 냉장 보관한다.

보관 TIP 실온에서 가장 맛있는데 기온이 높은 실내에서는 냉장 보관을 권한다.

더 알아보기

당의 형태가 단당류이므로 다이어트 시 과량 섭취에 주의한다. 가장 맛있는 포도 유지 온도는 5~7℃이다.

포도알을 깨끗이 씻는 방법?

농약을 씻기 위해 미지근한 물에 20~30분간 담가두었다가 씻어 먹거나 식초를 몇 방울 떨어뜨린 물에 씻는다.

추천메뉴 포도잼

오렌지

제철 : 6~10월 **원산지 :** 미국

비타민 C가 풍부하여 항산화 작용이 뛰어나며 면역 기능을 강화한다. 오렌지 내 플라본(flavone) 화합물질은 콜레스테롤을 낮추며 혈압 강하 작용에 도움이 된다. 오렌지에는 지방과 콜레스테롤이 전혀 없어서 성인병 예방에도 도움이 된다.

고르는 요령

형태가 둥글고 견고하며, 무겁고 껍질이 부드러운 것이 좋다. 배꼽이 적당히 벌어져 있으며 껍질이 얇은 것을 고른다.

보관 방법

냉장

보관 기간 : 1주. 하나씩 랩이나 신문지를 감싸 지퍼백에 넣어 보관한다. 단단하고 덜 익은 오렌지는 냉장 상태로 보관하지 말고 서늘한 상온에서 보관한다.

보관 TIP 많은 양의 오렌지는 랩으로 하나하나 싸서 냉장고에 보관하면 서로 부딪히지 않아 오랫동안 먹을 수 있다.

더 알아보기

날로 먹거나 주스·마멀레이드를 만들어 먹는다. 각종 요리와 과자 재료로 쓰며 고기 요리에 상큼한 맛과 향을 내는 오렌지 소스로도 쓴다. 껍질에서 짜낸 정유는 요리와 술의 향료나 방향제로 쓴다.

오렌지 세척법?

오렌지는 대개 수입이기에 잔류 농약 등이 우려되므로 깨끗이 물로 세척한다. 그리고 베이킹소다를 넣어 문질러주고, 물을 부어 약 5분 정도 담가두었다가 다시 흐르는 물에 세척한다.

추천메뉴 오렌지 마멀레이드

바나나

제철 : 일 년 내내 **원산지 :** 필리핀

과육은 약 70%가 수분이고 탄수화물이 25%를 차지한다. 비타민 A와 C가 풍부하지만 비타민 B는 적은 편이며, 탄수화물은 전분 형태로 저장되어 익는 과정에서 프락토즈, 글루코스, 당 등으로 전환된다. 식이섬유의 일종인 팩틴은 원활한 배변 활동에 도움을 준다.

고르는 요령

목 부분의 길이가 짧고 뭉툭한 것을 고른다. 외형에 상처나 멍이 없고 몸통이 굵은 것이 좋다. 밝은 노란색 또는 진한 노란색을 띠는 것을 고른다.

보관 방법

상온

보관 기간 : 3일. 후숙을 위해 상온에서 추가로 익힌다.

냉장

보관 기간 : 10일. 낱개로 분리해 지퍼백에 넣어 보관한다(껍질이 검게 변하지만 과육에는 문제없다).

냉동

보관 기간 : 2주. 껍질을 제거하고 한 입 크기로 잘라 용기에 보관한다.

보관 TIP 바나나 보관의 핵심은 꼭지 부분이다. 꼭지 부분을 랩으로 밀봉하거나 전체를 신문지로 돌돌 말아 보관한다.

더 알아보기

소화가 잘되어 어린이나 노약자에게 주식으로 이용할 수 있으나 혈압을 상승시키는 셀로토닌이라는 성분이 들어있어 지나칠 정도로 많이 식용하면 좋지 않다. 바나나는 반점이 생기면서 최고의 당도에 도달하게 된다. 하지만 반점이 반 이상 넘게 생기게 되면 쉽게 물러지고 멍이 들기 때문에 빠른 시간 내에 섭취하는 것이 좋다.

검은 반점이 생긴 바나나를 먹어도 될까?

'슈가 스팟(sugar spot)'이라는 바나나의 검은 반점은 바나나의 당도가 최고점에 이르렀다는 것을 나타낸다. 이때 먹어도 좋은데 검은 반점이 생긴 이후에는 부패가 진행되기에 가급적 빨리 먹어야 한다.

추천메뉴 바나나 토스트

망고

제철 : 5~10월　**원산지 :** 필리핀

넓은 달걀 모양이고 익으면 노란색을 띤 녹색이거나 노란색 또는 붉은색을 띠며 과육은 노란색이고 즙이 많다. 과육에는 자당이 대부분을 차지하며 약 15%의 당분과 다량의 비타민 A, 꽤 많은 양의 비타민 B, C가 함유되어 있다. 카로틴은 푸른 잎 채소와 거의 같은 양이 들어 있다.

고르는 요령

표면에 흠집이 없고 반짝반짝 매끈하며 손가락으로 살짝 눌렀을 때 손자국이 남는 것이 좋다. 색이 진한 노란색을 띠고 향이 진한 것을 고른다.

보관 방법

상온

보관 기간 : 3일. 후숙 과일이기 때문에 상온에서 노르스름하고 말랑말랑해질 때까지 익힌다.

냉장

보관 기간 : 1주. 키친타월이나 랩에 싸서 보관한다.

냉동

보관 기간 : 2주. 껍질을 벗겨 한 입 크기로 썰어 용기에 보관한다.

보관 TIP 망고는 무르고 상처받기 쉬워 보관 시 개별 포장을 하는 것이 기본이다.

더 알아보기

생으로 먹거나 주스, 통조림, 젤리로 만들어 먹거나 아이스크림에 넣기도 하고 말려서 이용하기도 한다. 가운데 있는 씨를 기준으로 3등분 하여 과육 부분을 바둑판식으로 칼을 이용해 잘라준 후 뒤쪽으로 뒤집어주면 먹기 편하다.

딱딱한 망고도 냉장 보관?

망고는 열대 후숙 과일이므로, 실온에서 가장 향이 좋은 망고 상태로 익혀서 먹는다. 이미 말랑해진 망고는 냉장 보관해야 후숙 진행을 막는다.

추천메뉴 망고 푸딩

자몽

제철 : 일 년 내내　**원산지 :** 미국, 남아공

즙이 풍부하고, 신맛, 단맛이 있으며 쓴맛도 약간 섞여있다. 반 개만 섭취해도 하루에 필요한 비타민 C를 충족시킬 수 있고 감기 예방, 피로 회복, 숙취에 좋다. 펙틴이 풍부하여 체내의 콜레스테롤을 낮춰주어 혈관 질환에 도움을 준다.

고르는 요령

완전한 동그란 모양에 묵직하게 무거우며 눌러도 형태를 그대로 유지하는 단단한 것이 좋다. 껍질은 윤기가 나면서 담황색을 띠는 것을 고른다.

보관 방법

냉장

보관 기간 : 3일. 키친타월이나 신문지에 개별포장해서 보관한다. 또는 껍질을 까서 내용물만 밀폐 용기에 넣어 냉장 보관한다.(냉장고가 아니더라도 서늘한 곳에서 보관 가능하다.)

보관 TIP 자몽 슬라이스를 건조한 후 냉동 보관하여 청량감을 더하는 탄산음료에 넣을 수 있다. 겉껍질을 벗기고 슬라이스된 자몽을 냉동 보관하면 주스에 활용할 수 있다. 자몽의 겉껍질과 속껍질까지 벗겨 냉동 보관하는 것도 가능하다.

더 알아보기

칼륨이 풍부한 자몽과 함께 고혈압 약을 복용하면 약의 대사과정을 자몽이 방해하여 약효를 떨어뜨릴 수 있다. 남은 자몽 껍질은 모아서 방향제로 활용할 수 있고, 더러워진 행주를 삶을 때 넣어주면 찌든 때를 제거하는 데 효과적이다.

어떤 자몽이 좋을까?
완전히 동그란 모양에 묵직하고 무거운 것이 좋다.

추천메뉴 자몽 타르트

레몬

제철 : 7~10월 **원산지 :** 미국

달걀 모양이고 양 끝이 뾰족하며 신맛이 강하다. 익기 전에는 겉껍질이 녹색이지만 익으면 노란색으로 변하며 향기가 강하다. 비타민 C가 많이 함유되어 있어 감기를 예방하고 피부 건강에도 도움을 주며 구연산은 피로 회복에도 효과적이다.

고르는 요령

표면에 광택이 있고 무게가 있으며, 말랑말랑하고 향이 좋은 것을 고른다.

보관 방법

냉장

보관 기간 : 1주. 껍질을 벗기지 않은 레몬은 깨끗이 씻어 보관한다.

냉동

보관 기간 : 1~2주. 레몬을 자른 경우에는 절단면을 랩으로 싸서 그릇에 넣어 보관한다.

보관 TIP 많은 레몬을 대량 보관할 때는 완전히 작즙하여 지퍼백에 펼쳐서 냉동 보관한 후 조금씩 떼서 쓰면 유용하다.

더 알아보기

끓인 물에 살짝 데치고 베이킹소다 물에 10분간 담근 후, 소금으로 문질러 불순물을 제거해주고 식초로 마무리 세척을 해주면 매우 위생적이다. 레몬 특유의 상큼한 향기로 생선 등의 음식 잡내를 없애는 데 사용할 수 있다. 또한 생선을 구울 때 레몬즙을 뿌려주면 생선살에 탄력을 더해 모양이 흐트러지거나 살이 부스러지지 않게 조리할 수 있다. 식초와 같이 산성을 띠는 레몬은 음식이 쉽게 상하는 것을 방지해준다.

레몬 제스트?

레몬 제스트는 레몬의 겉껍질을 음식에 이용하는 것이므로 베이킹소다와 식초를 넣은 끓는 물에 레몬을 20초 정도 넣었다가 건진 후 베이킹소다와 굵은 소금으로 문질러 닦은 후 강판에 노랑 껍질만 간다. 오래 사용하려면 냉동 보관하도록 한다.

추천메뉴 레몬차

멜론

제철 : 7~10월 **원산지 :** 전북 고창, 경북 구미, 경남 함안

β-카로틴, 비타민 C, 포타슘이 다량 함유되어 있어 항산화 작용이 크고 펙틴과 식이섬유가 풍부해 장 건강을 좋게 하며 수분이 많아 갈증 해소에도 도움을 준다. 비타민 A, β-카로틴이 들어있어 눈을 보호해주고 시력을 개선해주는 효과가 있다.

고르는 요령

그물 무늬가 촘촘하고 선명한 것을 고른다. 손으로 눌러보아 쉽게 들어가지 않는 것이 좋다. 꼭지가 시들지 않은 것을 고른다.

보관 방법

상온

보관 기간 : 1주. 먼저 바람이 잘 통하는 상온에 3~4일 정도 보관한다.

냉장

보관 기간 : 3일(완숙 정도에 따라 다르다). 랩에 싸서 냉장고에 4~5시간 넣었다 먹으면 당도와 씹는 맛이 높아진다.

보관 TIP 멜론을 한 입 크기로 썬 뒤 통에 담아 냉장고에 넣어 먹는 것이 편리하다.

더 알아보기

너무 차가워지면 단맛이 감소하므로 냉장고에 오래 두지 않는다. 반으로 가르고 안의 씨를 파내어야 깨끗하게 담을 수 있다.

멜론으로 장아찌를?

어린 단단한 멜론으로 장아찌나 피클을 담가 먹을 수 있다.

추천메뉴 멜론 스무디

블루베리

제철 : 7~9월　**원산지 :** 한국(밀양, 순창 등), 칠레

블루베리의 폴리페놀 성분은 항산화력이 뛰어나 노화 방지에 도움을 주며 풍부한 안토시아닌이 시력저하를 방지해주고 백내장 질환 예방에도 효과적이며 피를 맑게 하여 뇌졸중과 심장질환의 위험을 감퇴시킨다. 비타민 A가 많아 야맹증에 효과적이며 비타민 C, E는 뇌 기능에 좋다.

고르는 요령

진한 청색이 선명하고 과실 표면이 팽팽하며, 균일하게 흰 가루가 묻어 있는 것이 좋다. 과육이 단단한 것을 고른다.

보관 방법

냉장

보관 기간 : 3일. 밀폐 용기에 담아 보관한다.

냉동

보관 기간 : 1개월. 씻어서 밀폐 용기에 담아 보관한다.

건조

보관 기간 : 냉동실에서 3개월. 건조기 또는 자연 건조 후 통에 넣어 냉동 보관한다.

보관 TIP 냉장 보관이든 냉동 보관이든 물기 제거가 기본이다.

더 알아보기

생으로 먹거나 잼, 주스, 시럽 조림, 과실주 등으로 섭취한다. 생열매는 아이스크림, 요구르트 등의 유제품에 잘 곁들여서 먹으면 비타민 E 등의 흡수율이 매우 높아진다. 식이섬유소가 풍부하고 저열량, 저지방으로 다이어트에 좋다.

국내산 블루베리와 수입산 블루베리?

일단 가격 면에서 수입은 국내산의 약 2/3 정도 저렴하다. 주로 냉동으로만 유통되며 제철 과일을 느끼고 싶다면 국산 블루베리를 6~7월에 즐기는 것이 좋다.

추천메뉴 블루베리 파운드 케이크

복숭아

제철 : 6~8월 **원산지 :** 한국

맛은 달고 시며 성질은 따뜻하다. 생과일로는 수분이 많고 부드러운 백도를 쓰고, 통조림 등 가공용으로는 단단한 황도를 쓴다. 알칼리성 식품으로서 면역력을 키워주고 식욕을 돋운다. 피부 건강과 야맹증에 좋으며 변비를 없애고 껍질은 해독 작용을 한다.

고르는 요령

알이 크고 고르며 상처가 없으며 향기가 강한 것이 좋다. 꼭지 부분까지 잘 익고 좌우대칭인 것을 고른다.

보관 방법

상온

보관 기간 : 3일. 신문지에 싸서 실온에 보관한다.

냉장

보관 기간 : 3일. 실온 보관 이후 0~1℃ 정도의 냉장실에서 보관한다.

보관 TIP 복숭아는 씻지 않은 채로 실온에 보관하면서 먹어야 가장 제맛을 맛볼 수 있다.

더 알아보기

복숭아 보관 시 0~1℃ 이하로 온도가 내려가면 단맛이 약해지므로 주의해야 한다. 흐르는 물에 여러 번 씻어 복숭아털을 제거한 후 섭취하고 레몬즙을 뿌리면 변색을 방지할 수 있다.

복숭아 종류?

과육이 흰 백도와 노란 황도 복숭아는 털복숭아에 속하고, 껍질이 자두처럼 매끈하고 속살이 단단하며 붉은색을 띠는 것을 천도복숭아라고 한다.

추천메뉴 복숭아 잼

수박

제철 : 7~8월　**원산지 :** 한국

수박에 함유된 라이코펜은 강력한 항산화 작용을 하며, 피부를 검게 하고 기미를 생성하는 멜라닌 생성을 억제해준다. 시트룰린(citrulline)은 혈관과 노폐물 배출에 도움을 주며 주성분인 수분으로 이뇨 작용 효과가 있어 부종에 좋은 식품이다.

고르는 요령

껍질의 색이 선명하고 선이 확실하며, 자른 단면의 색이 곱고 씨가 검은 것이 좋다. 꼭지가 마르지 않고 말려있으며 두드렸을 때 맑은 소리가 나는 것을 고른다.

보관 방법

냉장

보관 기간 : 1주. 남은 수박은 랩으로 싸거나 밀폐 용기에 담아 보관하고, 자른 수박은 밑에 접시 등으로 받치고 담아야 수박 아랫부분이 무르지 않는다.

보관 TIP 먹기 좋게 썰어서 밀폐 용기에 보관하는 것을 권장한다. 진공포장기가 있으면, 싱싱한 수박 조각을 적당한 분량으로 포장해 둘 수 있어 더욱 좋다.

더 알아보기

우리 토종 수박으로는 무등산 수박이 있다. 이는 보통 수박과 다르게 줄무늬가 없고 그 맛이 아주 좋아 대궐 진상품으로 쓰였다고 한다. 수박은 몸을 차게 하는 작용을 하는데 맥주 또한 속을 냉하게 하는 성질이 있어 같이 먹으면 좋지 않다.

수박 껍질도 음식으로 활용?
수박 껍질의 흰 부분을 활용하여 무침, 냉국, 장아찌, 김치 등을 만들 수 있다.

추천메뉴 수박 화채

키위

제철 : 8~10월 **원산지 :** 한국(참다래)

식이섬유 함량이 높아 다이어트에 효과적이다. 껍질 부위에 가용성 식이섬유인 펙틴이 함유되어 있어 콜레스테롤의 흡수를 지연시키는 효과가 있다. 골드키위에는 비타민 C, 비타민 E, 엽산 등이 다량 함유되어 있으며 어린이와 임산부에게 좋다.

고르는 요령

껍질이 윤기 있는 갈색을 띠는 것이 좋다. 또한 손가락으로 눌렀을 때 약간 말랑말랑한 것이 좋다. 모양이 고르게 생긴 것을 고른다.

보관 방법

상온

보관 기간 : 3일. 덜 익은 키위는 서늘한 곳 상온에서 2~3일 동안 보관한다.

냉장

보관 기간 : 3일. 밀폐 용기에 넣어 보관한다.

보관 TIP 장기 보관을 위해 냉동을 해야 될 경우에는 껍질을 벗겨서 내용물만 냉동시키는 방법이 좋다.

더 알아보기

물에 씻어 잔털을 제거하고 껍질을 벗겨 이용한다. 우리나라에서는 흔히 '참다래'라고 부른다. 키위 과즙에는 단백질 분해 효소인 악티니딘(actinidin)이 들어있어 고기를 부드럽게 할 때 사용하면 효과적이다. 단단한 키위는 실온에서 후숙시켜야 제맛을 볼 수 있다.

골드키위와 그린키위, 참다래?

골드키위는 뉴질랜드에서 개발된 품종으로 속살이 노랗고 달콤한 맛과 향이 강화된 키위이다. '참다래'는 그린키위를 말하는 우리말이다.

추천메뉴 키위 주스

파인애플

제철 : 3~9월 **원산지 :** 필리핀

열매는 즙이 많고 수크로오스 10%, 시트르산 1%가량이 들어있으며 상쾌한 신맛과 단맛이 있다. 브로멜린이라고 하는 단백질 분해 효소가 들어있어서 육류를 부드럽게 하여 소화에 도움이 되며, 신진대사를 원활하게 하는 비타민 B_1을 함유하고 있어 피로 회복 효과가 있다.

고르는 요령

잎이 작고 단단하며, 껍질 색이 1/3 정도가 녹색에서 노란색으로 바뀐 것이 좋다. 잘라서 달콤한 향이 강한 것을 고른다.

보관 방법

냉장

보관 기간 : 5일. 과즙이 바닥 부분에 모여 있기 때문에 잎 쪽을 아래로 하여 하루 정도 상온에 두었다가 냉장 보관한다.

냉동

보관 기간 : 1개월. 잘라 소분하여 통이나 지퍼백에 넣어 냉동 보관한다.

보관 TIP 냉장 보관 시 파인애플을 잘게 자르지 말고 길고 크게 잘라 통에 넣어 보관한다.

더 알아보기

껍질과 과육을 분리하고 가운데 심을 제거하여 섭취한다. 일반적으로 열매를 수확한 후 2~3일 후 숙하면 단맛이 강해진다. 섬유질이 풍부하고, 단맛이 풍부한 과일이면서도 열량이 다른 과일에 비해 높지 않아 다이어트 시 섭취하기 좋다.

파인애플도 바나나처럼 후숙하는 과일일까?
파인애플은 일단 수확하면 더 이상 익지 않는다. 그러므로 처음에 신선한 파인애플을 구입하는 것이 중요하다.

추천메뉴 파인애플 볶음밥

참외

제철 : 6~8월 **원산지 :** 한국(성주)

한해살이 덩굴식물로 노란색 과피에 흰색 과육이 대부분이며, 비타민 C 함량이 높다. 참외에 함유된 포도당과 과당은 인체에 흡수가 빨라 피로 회복에 도움을 주며 천연 항산화제인 β-카로틴이 많이 함유되어 암과 심장 질환 예방에 효과적이다.

고르는 요령

색깔이 선명하고 하얀색 줄이 선명한 것이 좋다. 꼭지가 싱싱하며 배꼽이 작은 것을 고른다.

보관 방법

냉장

보관 기간 : 3일. 지퍼백에 밀봉하여 보관한다. 이때 참외끼리 서로 닿지 않도록 키친타올이나 신문지 등으로 싸면 좋다. 또는 한 개씩 랩으로 싸서 보관하면 마르지 않은 참외를 오래 즐길 수 있다.

보관 TIP 참외 겉면의 하얀 골에는 미세한 공기 구멍이 많이 있다. 이 부분이 공기에 노출되면 참외의 수분이 증발하여 맛이 떨어지게 된다. 그래서 밀봉된 상태에 보관하는 것이 중요하다.

더 알아보기

수분이 많은 토양에서 잘 자라는 습성 때문에 습한 땅이 많은 경북 성주군에서 재배하기 알맞아 성주 참외가 유명하다.

참외로 만드는 요리가 있을까?

예로부터 참외를 이용한 음식은 많이 있다. 참외 생채, 참외 깍두기, 참외 냉국 등을 들 수 있다. 참외를 팔팔 끓기 직전의 물에 살짝 데쳐서 속을 없앤 뒤 참외 장아찌를 만들 수도 있다.

추천메뉴 참외 장아찌

감

제철 : 9~10월 **원산지 :** 한국

주성분은 당질로서 15~16%를 차지하고 있다. 포도당과 과당의 함량이 많으며 비타민 C를 다량 함유한 알칼리성 식품이다. 수렴 작용을 하는 탄닌산이 들어 있어 설사와 배탈을 멎게 하며 지혈 작용도 한다. 기침, 만성 기관지염에도 효능이 있다.

고르는 요령

들어보았을 때 묵직하고 색이 고른 것, 얼룩이 있거나 변색하지 않은 것이 좋다. 꼭지 주변이 깨끗하고 마르지 않은 것을 고른다.

보관 방법

냉장

보관 기간 : 1주. 지퍼백에 넣어 보관한다.

냉동

보관 기간 : 1년. 감을 후숙시켜 홍시를 만들어 냉동 보관한다.

건조

보관 기간 : 1년. 생감을 완숙하기 전에 따서 껍질을 벗겨 말린 후, 곶감을 만들어 보관한다.

보관 TIP 장기간 보관할 경우에는 지퍼백 등에 담아서 냉동실에 보관한다.

더 알아보기

감잎은 차를 끓여 먹으며 비타민 C의 공급원이 된다. 떫은 감의 탄닌 성분이 지방질과 작용하여 변을 굳게 하는 성질이 있으므로 주의해야 한다. 곶감의 경우 서늘하고 통풍이 잘 되는 곳에 보관하는 것이 가장 좋다.

반건시 곶감과 곶감의 차이?

반건시는 감을 반 정도만 건조시킨 것으로, 수분 양이 곶감보다 많기에 밀폐시켜 냉동 보관하는 것이 좋다.

추천메뉴 감 장아찌

체리

제철 : 일 년 내내 **원산지 :** 미국, 한국

과실이 단 감미 체리와 산미가 강한 산미 체리가 있다. 우리나라에서는 감미 체리가 많다. 과실의 크기는 6~10g 정도의 것이 보통이다. 비타민 A가 다량 함유되어 있어 야맹증에 도움을 주며 카로티노이드, 안토시아닌이 풍부해 암예방과 염증 및 통풍 예방에 효과적이다.

고르는 요령

과실이 크고 단단하며 과즙이 풍부한 것이 좋다. 익을 때 적갈색을 띠는 것을 고른다.

보관 방법

냉장

보관 기간 : 1주. 물에 씻지 않고 습기와 물기를 제거해준 후 밀폐 용기에 담아 보관한다.

냉동

보관 기간 : 1개월. 꼭지를 떼준 후 깨끗이 씻어 지퍼백에 소분하여 보관한다.

보관 TIP 체리는 물에 닿으면 쉽게 물러지므로 씻지 말고 냉장 보관한다.

더 알아보기

베이킹소다로 문질러준 후 물로 씻어내고 식초를 탄 물에 10분 정도 담갔다가 물로 헹궈내 세척한다. 체리 윗부분에 빨대를 꽂아서 밀어내주면 씨를 쉽게 제거할 수 있다.

체리가 다이어트에 효과가 있을까?

체리의 열량은 20개당 90kcal로 낮아 다이어트 중 먹어도 좋은 과일로 꼽힌다. 또한 나트륨과 지방이 전혀 없는 대신 칼륨이 가득해 땀을 많이 흘리는 여름철에 체내 수분 균형을 잡아준다.

추천메뉴 체리 스무디

귤

제철 : 10~1월 **원산지 :** 한국(제주도)

온대 과일로 우리나라에서는 주로 제주도에서 재배된다. 귤의 비타민 C는 신진대사를 원활히 하고 피부와 점막을 튼튼하게 하는 작용이 있으며, 겨울철 감기 예방에 효과적이다. 껍질의 하얀 부분은 펙틴과 식이 섬유가 풍부해 체내 독성 물질을 제거해주는 효과도 있다.

고르는 요령

껍질이 얇고 단단하며 크기에 비해 무거운 것이 좋다. 노란색과 주황색을 띠는 것을 고른다.

보관 방법

상온 및 냉장

보관 기간 : 5주. 귤을 겹쳐서 보관하면 상하기 쉬우니 통풍에 유의해서 보관한다. 겨울이라면 귤을 뭉쳐서 놓지 않고 떨어뜨려 놓아 서늘한 실온에 보관할 수 있다. 상자에 담아 놓을 때는 한 켜 깔고 신문지 덮고 다시 한 켜 담는 방식으로 하면 귤을 오래 먹을 수 있다.

보관 TIP 싱싱한 귤도 상한 귤과 마주 닿아 있으면 금방 상하기 쉽다. 귤을 박스로 구매했다면 먼저 상자를 뒤집어 상한 귤이 있는지 확인하고 골라내야 한다. 냉장 보관은 실온 보관보다 오래 보관되지만 그 대신 단맛이 떨어지고 신맛이 강해진다.

더 알아보기

귤껍질을 채 썰어 볶아준 뒤 뜨거운 물에 3분 정도 우려내면 귤피차를 즐길 수 있다. 귤껍질에는 농약이 묻어있을 수 있고, 신선도를 유지하기 위해 피막제를 발라놓은 것도 있어 껍질에 소금을 발라 문질러 씻어주면 안심하고 먹을 수 있다.

귤을 사오자마자 냉장고에 넣어야 될까?

귤은 실온에서 보관할 때가 냉장 보관할 때보다 당도가 더 높다. 서늘한 곳에 보관하는 것이 좋고 서늘한 곳이 없을 때는 냉장 보관한다.

추천메뉴 귤 주스

심플하고 똑똑한 식재료 보관법

05

우유 및 유제품, 달걀, 콩 제품

우유, 생크림, 버터 · 마가린, 치즈,
요구르트, 달걀, 유부, 두부, 낫토, 두유

우유

제철 : 일 년 내내 **원산지 :** 한국

칼슘, 단백질, 지방, 비타민류가 풍부하다. 특히 단백질의 아미노산이 우수한 식품이다.

고르는 요령

우유는 가급적 유통기한이 많이 남아있는 것을 선택한다.

보관 방법

냉장

보관 기간 : 10일. 식품 포장 유통기한을 참조하여 냉장 보관한다.

냉동

보관 기간 : 1개월. 그대로 냉동 보관은 안 된다. 화이트소스로 만들어 냉동하면 편리하다.

보관 TIP 유통기한이 지나거나 오염된 우유는 외관상 포장 팩이 팽창하여 부풀어 오른 것으로 판단할 수 있다.

더 알아보기

우유의 살균방법은 다양한데, 62~63℃에서 30분 가열하여 세균 90% 이상 살균되어 유산균이 남아있는 저온 장시간 살균법, 72~75℃에서 15초 가열하여 세균과 유산균이 거의 살균되는 고온 단시간 살균법, 120~140℃에서 수초간 살균하여 세균과 유산균이 전부 살균되어 미생물 포자까지 사멸되는 초고온 가열 살균법이 있다. 냉동실에 보관한 화이트소스는 사용 전날 냉장실에서 해동하여 사용하거나 냉동 상태로 요리에 사용 가능하다.

유당 불내증이란?

한국인의 75%가 유당을 분해하는 효소 '락타아제'가 없어서 소화하기 어려운 증상을 말한다. 유당 함유 식품 섭취 후 30분에서 2시간이 지나면 설사, 헛배 부름, 복부팽창, 복통 등의 임상학적 증상을 나타낸다. 단순히 유당을 소화하지 못해 증상만 일으키는 것이 아니라 소화되지 못한 유당이 활성 산소를 생성시키는 등 건강상의 문제가 새롭게 제기되고 있으므로 콩식품 등으로 대체해야 한다.

추천메뉴 오트밀

생크림

제철 : 일 년 내내 **원산지 :** 한국

동물성 크림은 피부나 점막을 지키는 비타민 A가 풍부하다. 콜레스테롤 함량이 많다.

고르는 요령

'우유 또는 유제품을 주원료로 하는 식품'이라고 쓰여 있는 제품은 유화제나 안정제, 식물성 지방을 넣은 것이므로, '크림'이라고 표시되어 있는 것을 잘 보고 선택한다.

보관 방법

냉장

보관 기간 : 식품 포장 유통기한 참조. 개봉 후에는 보관 용기에 담아 밀폐하여 냉장실에 1주 이내 보관한다.

냉동

보관 기간 : 1개월. 생크림은 거품을 내서 냉동하는 것이 편리하다. 얼린 후 랩으로 싸거나 보관 용기에 보관한다.

보관 TIP 생크림을 이용한 식품은 당일 소비하는 것이 좋으며 반드시 냉장 보관한다.

더 알아보기

보존한 생크림의 색이 누렇거나 이상한 냄새가 나면 먹을 수 없다. 거품을 낸 생크림은 수프나 커피 등에 얼린 채 사용한다. 우유 생크림은 바로 냉동하면 수분과 지방이 분리된다.

생크림과 휘핑크림은 어떻게 다를까?

생크림은 유지방을 18% 이상 함유하고 첨가물이나 식물성 지방을 일절 사용하지 않은 크림을 말하고, 휘핑크림은 식물성 지방을 주원료로 한다.

추천메뉴 생크림 케이크

버터·마가린

제철 : 일 년 내내 **원산지 :** 한국, 유럽, 미국

버터는 우유의 유지방을 저어서 섞은 후 굳힌 것으로 공기와 고온에 약하다. 버터는 칼슘, 비타민 A, E, D가 풍부하고, 뼈와 치아의 강화, 스트레스 완화에 효과적이다. 마가린은 식물성 기름을 경화하여 만든 것으로 지방, 나트륨 등을 함유하고 있다.

고르는 요령

곰팡이의 원인인 물방울이 표면에 없는 것을 선택한다. 버터는 특유의 풍미가 있으며 산패취, 이취가 없고 색의 짙고 흐림이 없는 것이 좋다.

보관 방법

냉장

보관 기간 : 개봉 후 버터는 1개월, 마가린은 2주. 식품 포장 유통기한을 참조한다. 공기에 약하고 풍미가 떨어지므로 뚜껑을 잘 덮어서 보관한다. 원래 싸인 은박지로 보관해도 좋으나 무염 버터는 소금을 넣은 것보다 빨리 상한다.

냉동

보관 기간 : 1개월. 그대로 냉동 보관하면 안 된다. 화이트소스로 만들어 냉동하면 편리하다. 냉동실에 보관한 화이트소스는 사용 전날 냉장실로 옮겨 자연 해동한다. 얼린 채로 요리에 사용해도 된다.

보관 TIP 산화에 취약하고 냄새를 잘 흡수하므로 밀폐에 주의하여 보관한다.

더 알아보기

버터는 원료 크림의 발효 여부에 따라 발효 크림 버터와 무발효 스위트크림 버터로 나눈다. 또한 유지방 80% 이상인 것을 버터, 유지방 50% 이상인 것을 가공 버터로 구분하기도 한다(유크림 100%라도 유지방의 함량은 다르고, 유지방 함량이 높을수록 천연 버터에 가깝다). 지방은 산화에 취약하여 빛이나 공기의 노출을 최소화해야 한다. 주로 빵에 발라 먹는 스프레드나 조미료로 사용하며, 굽기, 양념 만들기, 볶기 등에 사용한다.

노랗게 변색된 버터는 먹어도 될까?

표면이 노랗게 변한 것은 건조한 것이므로 사용 가능하다.

추천메뉴 가리비 버터구이

치즈

제철 : 일 년 내내　**원산지 :** 한국, 일본, 유럽, 미국

유즙 중 카세인 단백질과 지방을 효소나 발효 기법에 의해 응고시키고 이들에 식염, 향료 등을 첨가하여 발효 숙성시킨 고형 제품이다. 뼈 건강과 관련된 칼슘 함량이 높고, 비타민 A, B_2가 풍부하다.

고르는 요령

자른 면이 회색으로 변질되지 않고 물방울이 맺혀 있지 않은 것이 좋다. 수입산은 수입 날짜와 상미(賞味) 기한을 확인하고 잘라놓은 것은 색이 균일하고 건조되지 않은 것을 고른다.

보관 방법

냉장

보관 기간 : 9개월. 보존성이 높은 프로세스 치즈, 스모크 치즈, 그리고 프로세스 치즈를 먹기 좋게 얇게 잘라 한 장씩 포장한 슬라이스 치즈는 냉장 보관 시 랩으로 감싼 후 지퍼백에 넣어 보관한다. 프로세스 치즈를 건조한 가루 치즈는 수분이 적어 냉장실에서 6개월~1년 장기 보관 가능하나 습기나 온도 차가 있는 냉장고보다 냉암소에 보관하는 것이 더 좋다.

보관 TIP 피자용 치즈는 그라탱이나, 치즈구이, 피자 토스트 등에 냉동된 상태로 사용한다.

더 알아보기

우유에 유산균과 효소를 넣고 발효 숙성시킨 치즈인 내추럴 치즈의 종류에는 카망베르, 코티지, 블루, 피자용 치즈가 있다.

- **카망베르 치즈 :** 흰 곰팡이로 숙성시켜, 표피가 흰 곰팡이로 싸여 있고 속은 부드러운 크림 치즈이다. 등분하여 랩으로 감싼 후 밀폐 용기에 담아 냉장실에서 6개월 보관한다.
- **코티지 치즈 :** 지방이 적고 담백한 하얀 소보로 모양의 치즈이다. 밀폐 용기에 담아 냉장실에서 3개월간 보관한다.
- **블루 치즈 :** 푸른곰팡이를 사용한 치즈이며, 짠맛이 강하고 풍미가 짙은 치즈이다. 랩으로 감싼 후 밀폐 용기에 담아 냉장실에서 1~7개월간 보관한다.
- **피자용 치즈 :** 고다와 체더 치즈이며, 피자용으로 가늘게 자른 치즈이다. 덩어리 치즈보다 산패되기 쉬우므로 지퍼백으로 밀폐하여 냉장실에서 3~4개월간 보관하고, 개봉 후에는 1주일간 보관한다.

모조 치즈란?

일반 치즈는 우유가 주성분이고 모조 치즈는 유화제, 팜유, 식용유를 주원료로 하고 물, 유화제, 레닛 카세인이 화학반응을 일으켜 자연 치즈와 비슷한 모양을 형성한다. 값싼 피자에 주로 사용한다. 식용 시 설사를 동반하기도 한다.

추천메뉴 볶음밥 그라탱

요구르트

제철 : 일 년 내내　**원산지 :** 한국

우유를 유산균으로 발효시킨 제품 중 균이 살아있는 제품으로 유산균이 장내 유익균을 늘려 변비 해소와 저항력을 높인다.

고르는 요령

미개봉이라도 쓰러진 것은 구입하지 않는다. 가능하면 가당, 가미하지 않은 플레인을 선택하고 상부의 수분은 버리지 않는다.

보관 방법

냉장

보관 기간 : 1~2주. 식품 포장 유통기한을 참조하여 냉장 보관한다. 만약 개봉했다면 냉장 상태 보관이라도 2일 이내에 소비해야 한다.

보관 TIP 유통기한을 잘 확인한 후 가능한 한 기간이 많이 남은 것을 선택하여 냉장 보관한다. 마시는 요구르트는 떠먹는 요구르트보다 수분이 많으며, 냉동실에서 얼려 먹는 요구르트도 판매되고 있다. 냉장 유통기한이 짧은 제품은 냉동 보관 후 언 상태로 아이스크림처럼 소비한다.

더 알아보기

냉동 보관 상태의 요구르트는 얼린 상태 그대로 섭취 가능하다. 상부의 물기는 단백질이나 미네랄, 비타민 등 영양소가 많이 함유되어 있는 유청이므로 저어서 잘 섞어 섭취한다.

상온 보관 요구르트 출시?

기존 요구르트는 유통기한이 짧고 냉장 보관이 필수였으나, 멸균 열처리 방법으로 개발한 장기 보관 제품이 출시되어 상온에서 최장 9개월까지 보관 가능하다.

추천메뉴 휘핑크림 요구르트

달걀

제철 : 일 년 내내 **원산지 :** 한국, 미국

양질의 단백질이 함유되어 있는 영양의 보고이다. 달걀노른자의 레시틴은 미용에 효과적이다.

고르는 요령

노른자가 볼록하며 흰자에 탄력이 있는 것을 선택한다.

보관 방법

날달걀

냉장

보관 기간 : 2주. 달걀의 둥근 쪽은 공기가 들어 있는 기실이 있으므로 뾰족한 쪽을 밑으로 해서 보관한다. 껍질의 균이 다른 식품에 옮겨지지 않도록 팩째로 냉장실에서 보관한다.

삶은 달걀

냉장

보관 기간 : 2~3일. 껍질째로 밀폐 용기에 넣어 냉장실에서 보관한다.

보관 TIP 냉동실에 보관한 달걀은 냉장실에 옮겨 자연 해동하거나 전자레인지를 사용하여 해동한다.

더 알아보기

신선한 달걀의 조건은 껍질이 거칠고, 흔들었을 때 소리가 나지 않으며, 깼을 때 노른자가 퍼지지 않고, 흰자의 점성이 강하며, 물에 담갔을 때 가라앉는 것이 좋다. 날달걀, 삶은 달걀, 달걀말이 등을 먹거나 요리할 때 껍질에서 잡균이 옮겨가지 않도록 주의한다. 씻으면 기공이 막혀 숨을 쉴 수 없고 잡균이 들어가 부패의 원인이 된다.

달걀 껍질의 색상에 따라 영양성분에 차이가 날까?

차이는 없다. 우리나라는 갈색 달걀이 흰색 달걀보다 훨씬 많다. 그 이유는 흰색 달걀이 껍질이 얇아 상대적으로 깨지기 쉽고, 표면에 묻은 이물질이 눈에 잘 띈다는 이유에서 양계장 종사자들이 갈색 달걀을 더 많이 선택하기 때문이다.

추천메뉴 스크램블드에그

유부

제철 : 일 년 내내 **원산지 :** 한국, 일본

단백질, 비타민 E, 칼슘, 철분이 함유되어 있다. 피로 회복, 고혈압과 동맥경화 예방에 효과적이다.

고르는 요령

원료인 콩의 원산지, 포장 상태, 유통기한 확인이 필요하다.

보관 방법

냉장

보관 기간 : 3~5일. 개봉 전에는 봉지째 냉장실에 보관한다. 개봉 후에는 키친타월로 싼 후 보관 용기에 보관한다.

냉동

보관 기간 : 1개월. 냉동하기 전에 뜨거운 물을 부어 기름기를 빼면 조리할 때 그대로 사용할 수 있어 편리하다.

보관 TIP 잘게 썰어 지퍼백에 넣어 냉동한 후 국물 요리에 그대로 사용하면 편리하다.

더 알아보기

콩에는 식물성 폴리페놀인 이소플라본이 함유되어 있어 건강과 미용에 효과적이며, 이소플라본은 여성 호르몬인 에스트로겐과 비슷한 역할을 하여 생리 전 증후군, 갱년기 증후군과 난소질환 예방에 뛰어나다. 기름에 튀긴 두부는 물기를 짠 두부를 180~200℃에서 한 번 튀긴 것이며, 유부는 물기를 짠 두부를 120~180℃에서 얇게 잘라 두 번 튀긴 것이다. 튀기는 기름에 산화 방지제를 사용한 경우 뜨거운 물을 부어 기름기를 제거한 후 사용한다. 끓는 물에 넣었다 빼면 열량을 낮출 수 있다.

두부로 유부 만드는 법?

5mm 두께로 두부를 포 뜬 후 2시간 이상 물을 뺀다. 키친타월로 표면의 물기를 가능한 한 완전히 닦은 후, 130℃ 식용유에서 6분 정도 튀기면 부풀어 오른다. 다시 170℃로 올려 갈색이 나게 5분 정도 더 튀긴다. 유부를 한 장씩 랩으로 말아 전자레인지에 돌리면 김이 나면서 부드러워진다.

추천메뉴 채소 유부초밥

두부

제철 : 일 년 내내　**원산지 :** 한국

식물성 단백질과 지방이 많으며, 콜레스테롤 수치를 낮춰주고 비만 해소와 동맥경화에 효과적이다.

고르는 요령

원료인 콩의 원산지를 확인할 필요가 있다. 응고제에는 천연과 합성이 있는데 모두 안전하며, 끓어 넘치는 것을 방지하는 소포제도 안전하다. 일반 손두부는 미생물의 오염이나 증식이 쉬우므로 가급적 살균한 포장두부를 사용한다.

보관 방법

냉장

보관 기간 : 5일. 두부는 구매한 제품 그대로 보관한다. 먹고 남은 두부는 팩의 물을 버리고 보관 용기에 옮겨 깨끗한 물에 잠기게 부어 뚜껑을 닫아 보관한다.

보관 TIP 냉장 보관 시 매일 물을 갈아주면 보관 기간을 더 늘릴 수 있다. 또한 유통기한이 많이 남아있지 않으면 냉동실에 얼리도록 한다. 언 두부는 동두부라고도 하며, 사용 전에는 물에 완전히 담가 자연 해동한 후 눌러 물을 뺀 다음 사용하면 식감이 향상된다.

더 알아보기

냉동시킨 두부는 냉장실로 옮겨 하룻밤 놔두어 자연 해동하면 샐러드나 햄버거스테이크에 손쉽게 사용할 수 있다. 국물이 있는 끓이는 음식을 조리할 때에는 얼린 채 넣어 가열한다.

현명한 두부 냉장 보관법?

구입한 그대로 밀폐 용기에 담아 냉장 보관하고, 그때그때 필요한 양만큼 사서 소비한다. 사용하고 남은 생두부를 보관하려고 밀폐 용기에 담을 때 소금물을 넣어 냉장 보관하면 신선하게 더 오래 간다.

추천메뉴 두부 김치

낫토

제철 : 일 년 내내　**원산지 :** 한국, 일본

미용 효과가 있는 비타민 B군이 풍부하고 변비 해소에 효과가 있다.

고르는 요령

콩을 발효시킨 일본 특유의 식품으로 입자가 큰 것, 작은 것, 으깬 것이 있으므로 개성에 맞게 선택한다. 첨가물이 사용되는 경우가 많은데 일반 조미료로 맛을 낸 경우는 안심하고 선택할 수 있다.

보관 방법

냉장

보관 기간 : 7~10일. 상온에 보관하면 계속 발효하기 때문에 팩 상태로 냉장 보관한다.

냉동

보관 기간 : 2개월. 냄새가 다른 식품에 옮지 않도록 팩 상태로 냉동용 지퍼백에 넣어 보관한다.

보관 TIP 냉동한 낫토는 전자레인지에서 해동하면 맛이 떨어지므로 반드시 냉장고에 옮겨 해동한다.

더 알아보기

낫토는 냉동해도 낫토균은 그대로 살아있기 때문에 콩이 약간 부드러워지기도 한다.

낫토 유산균의 효능?

낫토는 그램당 약 7억 마리의 유산균이 들어있다. 이는 김치의 3.5배, 요구르트의 2배가량이다. 낫토균은 장내 유산균을 보호하며, 변비, 설사, 복통 등을 개선하고 면역력을 증가시켜 각종 질병으로부터 몸을 보호한다.

추천메뉴 낫토 덮밥

두유

제철 : 일 년 내내 **원산지 :** 한국

단백질과 지방 외에 다양한 영양소가 함유된 식품으로 데친 콩을 갈아 물을 넣어 끓인 후 거른 음식이다.

고르는 요령

원료, 포장 상태, 유통기한을 확인한다.

보관 방법

냉장

보관 기간 : 2일. 제품 개봉 후에는 뚜껑을 잘 닫아 냉장 보관하며 가능한 한 빨리 음용한다.

냉동

두유를 냉동 보관하여 셔벗처럼 만들어 먹을 수 있다. 가능한 한 빨리 소비한다.

보관 TIP 두유를 사과, 망고, 딸기, 복숭아 등 제철 과일과 함께 갈아서 아이스바 틀에 넣어 얼려 영양 간식으로 활용한다.

더 알아보기

두유에 생긴 침전물은 콩의 고형 성분으로 잘 흔들어 마신다. 집에서 만든 콩국이나 콩물은 쉽게 변질되므로 반드시 냉장 보관하며 빨리 소비한다.

두유의 효능?

단백질이 풍부하여 세포와 조직, 모발에 좋다. 특히 리신, 트립토판은 성장기 어린이에게 효과적이며, 이소플라본은 멜라닌 색소를 억제해 기미나 주근깨 예방 효과에 좋고, 불포화지방산은 혈관벽을 건강하게 유지하여 심혈관 질환에 좋다. 글리신은 충치 예방 효과에, 아스파라긴산은 소화에 도움이 된다.

추천메뉴 두유 라테

심플하고 똑똑한 식재료 보관법

06

곡류 및 서류

쌀, 잡곡(보리 · 흰콩 · 검은콩 · 강낭콩 · 팥 · 녹두 · 차조 · 율무 · 수수 · 메밀),
면(메밀국수 · 건면 · 파스타), 시리얼,
빵(식빵 · 바게트), 감자, 고구마, 토란

쌀

제철 : 일 년 내내　**원산지 :** 한국

마그네슘, 비타민 B군(나이아신, 비타민 B_6, 티아민), 인, 아연, 구리의 공급원이며, 판토텐산과 칼륨을 미량 함유한다. 쌀의 제한 아미노산인 라이신은 다양한 콩, 잡곡 등과 함께 먹으면 단백질의 질을 높일 수 있다.

고르는 요령

포장지에 적힌 표시 사항에는 품종, 생산 연도, 도정 연월일이 적혀있다. 품종은 혼합 품종보다 신동진, 삼광 등 단일 품종을 고른다. 생산 연도와 도정 연월일은 구입일과 최대한 가까운 것을 고르며, 낟알이 투명하고 알갱이가 고르며 변색되지 않은 것을 고른다.

보관 방법

상온

보관 기간 : 2주. 통 안에 남은 쌀과 새것은 섞지 않는다.

냉장

보관 기간 : 2개월.

냉동

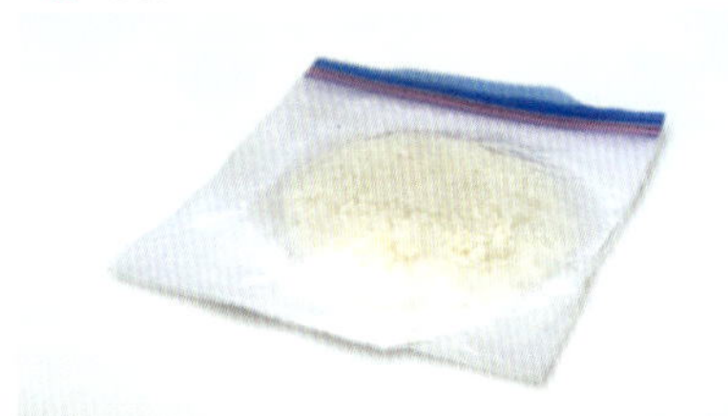

보관 기간 : 밥으로 지어서 1개월. 갓 지은 밥은 그대로 소량으로 밀폐 용기에 나누어 담아 냉동 보관한다.

보관 TIP 고추나 마늘을 같이 보관하면 쌀벌레 등이 생기지 않는다. 묵은쌀로 밥을 지을 때는 식초를 한 방울 떨어뜨려 씻고 밥을 짓기 전에 한 번 더 헹군다.

더 알아보기

형태에 따라 단립종, 중립종, 장립종으로 구분된다. 단립종은 4~5mm 길이와 2.5mm의 굵기를 가지며 전분 함량이 높아 밥에 찰기가 많아서 맛이 좋다. 중립종은 단립종과 장립종의 중간 크기이며 밥은 연하지 않지만 냉각하면 찰기가 형성된다. 쌀은 조리음식으로 밥, 죽, 크로켓, 샐러드, 푸딩, 파이, 케이크, 리조토, 필라프의 주재료로 사용한다.

쌀의 도정 연월일 확인?
도정한 지 14일 이내의 것을 구입하는 것이 좋다. 구입 후 산패를 방지하기 위해 가급적 냉장 보관하는 것이 좋다.

밥을 냉장 보관해도 될까?
밥은 냉동 보관이 좋다. 냉장 보관하면 녹말의 노화 현상으로 색이 누렇게 변하고, 굳어서 딱딱해지며, 밥맛이 떨어진다.

추천메뉴 필라프

잡곡 (보리 · 흰콩 · 검은콩 · 강낭콩 · 팥 · 녹두 · 차조 · 율무 · 수수 · 메밀)

제철 : 일 년 내내 **원산지 :** 한국

보관 방법

상온

보관 기간 : 1~2개월. 통기성이 좋은 종이 용기나 밀폐 용기에 옮겨 보관한다. 자연 상태에서는 10~20℃에 보관한다.

냉장

보관 기간 : 1~2개월. 여름철에는 습기를 막고 냄새가 배지 않도록 밀폐 용기에 옮겨 담아 냉장 보관한다.

- **보리 :** 비타민 B_1, B_2, 섬유질, 베타글루칸이 풍부하다. 각기병 예방과, 변비, 포만감을 통한 다이어트에 효과적이다.
- **흰콩 :** 단백질, 지방, 비타민 A, B, E, D 등이 풍부하다. 특히 비타민 B군이 풍부하여 에너지 대사율을 높여 피로 회복에 좋다.
- **검은콩 :** 몸의 부종을 없애고 신장, 방광에 좋으며, 노화 방지에 효과가 있다. 껍질은 콜레스테롤을 낮추고 항산화에 효과적이다.
- **강낭콩 :** 전분이 많아 단맛이 나며 탄수화물과 단백질, 비타민 B_1, B_2가 많이 함유되어 탄수화물 대사에 좋다.
- **팥 :** 이뇨 작용과 신장염에 효과가 있다.
- **녹두 :** 주성분은 녹말이며, 단백질도 25% 함유한다.
- **차조 :** 비타민, 무기질이 많아 쌀에 부족한 영양분이 많다. 임산부나 환자의 건강 회복에 좋다.
- **율무 :** 단백질, 지방이 많다. 몸속의 습기를 없애주고 비만, 동맥경화, 심장병, 지방간에 좋다.
- **수수 :** 찰수수가 식용으로 이용된다. 항산화, 항암 작용, 위장 보호, 체온 유지, 소화 촉진, 해독에 효능이 있다.
- **메밀 :** 성인병, 고혈압 예방, 피부 미용에 탁월하며 이뇨 작용, 해독 기능이 있다.

고르는 요령

생산 연도와 도정일이 최근의 것이 좋다. 낱알이 고르며, 변색이 없는 것을 고른다.

보관 TIP 냉동한 밥을 전자레인지에서 해동할 때에는 한가운데를 우묵하게 눌러 해동하면 시간을 단축시킬 수 있다. 그 상태로 가열하면 가운데가 부풀어 오른다.

더 알아보기

흑미를 꾸준히 섭취하면 면역 기능 향상 및 질병 예방에 좋은 셀레늄이 다량 함유되어 있어 암의 예방에 효과적이며 임산부의 빈혈에도 좋다. 당뇨와 고혈압 같은 성인병에 효과적이다. 밥의 냉동실 보관 요령은 바로 지은 밥을 평평한 그릇에 옮겨 담아 수분이 날아가지 않게 뚜껑을 덮어 열기를 식힌 후 급속 냉동하는 것이다.

잡곡밥의 황금 비율은?

맛있는 잡곡밥의 황금 비율은 쌀과 잡곡의 비율이 7 : 3으로, 쌀밥은 담백하고 쫄깃한 반면 잡곡은 고소한 향이 있기 때문이다. 잡곡의 인 성분은 신장 질환이나 위장염이 있을 경우 소화 흡수율을 떨어뜨린다.

추천메뉴 잡곡주먹밥

면(메밀국수 · 건면 · 파스타)

제철 : 일 년 내내　**원산지 :** 한국

밀가루나 메밀가루를 반죽하여 얇게 밀어서 가늘게 썰거나 국수틀로 가늘게 뺀다. 면류의 주성분은 탄수화물로서 에너지원이며 단백질과 지방이 다소 포함되어 있다. 메밀국수에는 식이섬유가 많다.

고르는 요령

생면을 구입할 때는 제조일이나 유통기한을 확인한다.

보관 방법

상온

보관 기간 : 3년. 개봉 후에는 냄새가 옮지 않게 밀폐 용기에 넣어 직사광선을 피하고 통기성이 좋은 곳에 보관한다.

냉장

보관 기간 : 5일. 시판되는 익힌 우동면은 메밀국수보다 소금 함량이 높아 더 오래 보관할 수 있다. 생면은 냉장실에서 5~10일간 보관한다.

보관 TIP 건면은 습도에 약해 통풍이 잘되며 어두운 곳에 보관한다. 집에서 만든 면은 풍미를 위해 냉동 보관한다.

더 알아보기

생면은 개봉 후 봉지에서 꺼내 키친타월로 감싼 후 건조와 숙성을 막기 위해 랩으로 감싸고 지퍼백에 넣어 공기를 뺀 후 냉장 또는 냉동 보관한다. 삶은 파스타면은 올리브유를 묻히면 서로 들러붙지 않고 2~3일 냉장 보관 가능하다. 생면과 생파스타는 언 상태에서 삶아야 시간을 단축할 수 있다. 냉동실에 보관한 익힌 면을 해동할 때에는 전자레인지에서 반 해동하는 것이 좋으며, 뜨거운 물에 넣어 뒤적이거나 소쿠리에 담아 뜨거운 물을 끼얹어 해동한다.

건면의 장기 보관 시 주의 사항?

건면은 장기 보관이 가능해 안심하는 경향이 있다. 하지만 냄새가 배기 쉬우므로 주위에 냄새가 강하게 나는 것을 가까이에 두지 않는다. 습기에도 약하므로 곰팡이에 주의하고 벌레가 들어가지 않도록 밀폐 용기에 보관한다.

추천메뉴 채소 비빔국수

시리얼

제철 : 일 년 내내　**원산지 :** 한국

곡물이나 견과류 등을 사용하여 식이섬유와 비타민 · 미네랄이 풍부하다.

고르는 요령

시리얼에는 설탕이 함유된 것, 무설탕 플레인, 기름에 튀기지 않은 것 등 종류가 다양하다. 제품 확인 표시를 참고하여 용도에 알맞게 구매 가능하다.

보관 방법

냉장

보관 기간 : 1~3주. 건조제와 함께 밀폐 용기에 옮겨 냉장실에 보관한다.

냉동

보관 기간 : 식품 표시 유통기한 참조. 구입 시 들어있는 은박지째로 냉동용 지퍼백에 넣고 밀봉해서 냉동한다.

보관 TIP 냉동 보관한 시리얼은 자연 해동하면 쉽게 해동 가능하여 차가운 상태로 우유를 부어 함께 섭취하면 좋다.

더 알아보기

- **뮤즐리(müesli) :** 미용 효과를 내어 인기 있는 시리얼로 견과류나 말린 과일을 추가한 것이다. 설탕, 소금, 기름을 사용하지 않아 다이어트에 최적이다.
- **그래뉼러(granular) :** 귀리와 각종 견과류를 시럽이나 꿀과 섞어 오븐에 구운 것으로 곡물이 둥글게 뭉쳐있는 형태를 띠고 있다.
- **팝라이스(팝휘트) :** 통곡을 튀겨서 만든 것으로 우리나라의 쌀튀밥과 비슷하다.
- **압출 성형 시리얼 :** 강한 압력으로 아삭한 식감을 형성한다. 흔히 알고 있는 옥수수 시리얼이다.

건강한 시리얼 고르는 법?

통곡물, 즉 귀리, 퀴노아(quinoa), 발아곡물, 기장, 수수 등의 함유율을 확인하여 함유율이 높은 것을 선택한다. 당 함량을 확인하여 설탕, 인공 감미료를 피하여 선택한다. 열량과 식이섬유를 확인하여 자신에게 맞는 제품을 고른다.

추천메뉴 시리얼 샐러드

빵(식빵 · 바게트)

제철 : 일 년 내내 **원산지 :** 한국

식빵은 밀, 보리, 옥수수 가루 등에 효모, 소금과 설탕을 넣고 반죽하여 구운 주식용으로, 다양한 부재료로 활용한다. 바게트는 막대기 모양의 긴 프랑스 빵으로 호밀과 통밀가루를 섞어 칼륨, 인이 풍부하며 겉은 딱딱하고 속은 부드럽다.

고르는 요령

낮은 가격으로 대량 생산되는 빵은 첨가물의 사용 가능성이 높으므로 성분 표시를 확인한다. 바게트는 노르스름하고 균일한 칼집이 나 있는 것이 좋으며 가능한 한 당일 제조한 것을 선택하여 당일 소비한다.

보관 방법

상온

보관 기간 : 식빵은 5일, 바게트는 2일. 상온에서 빵을 보관할 때에는 냉암소에 보관한다. 바게트는 보관하기 편리하지만 쉽게 딱딱해지므로 일반 빵보다 빠르게 소비한다.

냉동

보관 기간 : 2주~1개월. 1매씩 랩으로 감싼 후 지퍼백에 넣어 보관한다.

보관 TIP 말라버린 식빵은 새 식빵 사이에 넣거나 물을 분무하여 전자레인지에 데우면 부드러워진다.

더 알아보기

먹다 남은 식빵은 냉동 보관하여 자연 해동 후 크루통(croûton), 냉장고 탈취제, 빵가루, 삼겹살 구이의 기름 흡수용 키친타월 대용 등으로 다양하게 활용할 수 있다. 포일에 싸서 냉동 보관한 빵은 실온에서 그대로 자연 해동 후 오븐에서 살짝 데우면 더욱 신선하게 즐길 수 있다. 바게트 등의 딱딱한 빵은 자연 해동 후 분무기로 물을 뿌려 구우면 부드러워진다.

바게트는 왜 칼집을 내어 만들까?

모양 유지뿐만 아니라 발효 반죽의 푹신한 탄성을 살리고 시너지를 올리기 위해, 중간에 칼집을 내고 안쪽에 버터를 바르면 말랑한 바게트를 얻을 수 있다.

추천메뉴 프렌치토스트

감자

제철 : 4~6월, 9~11월 **원산지 :** 한국

비타민 C가 풍부하여 피부 미용과 감기 예방에 좋으며, 칼륨 함량이 높아 고혈압 예방에 좋다.

고르는 요령

표면이 잘 마르고 단단하며 무거운 것이 좋으며, 싹이 나거나 표면이 녹색인 것은 피한다.

보관 방법

상온

보관 기간 : 3개월(냉암소). 종이봉투에 넣어 사과와 함께 보관하면 에틸렌 가스에 의해 발아를 막을 수 있다.

냉동

보관 기간 : 1개월. 껍질을 벗겨 삶아 으깨 매시트포테이토로 만들어 보관한다. 매시트포테이토를 냉동실에 보관할 때에는 소분한 후 냉동용 지퍼백에 펴 담아 보관한다.

건조

보관 기간 : 1개월. 껍질을 제거한 감자를 1cm 두께로 썬 후 뚜껑 있는 전자레인지용 용기에 담아 3분 가열한다. 그리고 나서 소쿠리에 펼쳐 널어 3일 정도 건조 후 보관한다.

보관 TIP 얼린 매시트포테이토는 전날 냉장실로 옮겨 자연 해동한다. 포테이토 샐러드나 포타주를 만들 때 전자레인지에서 가열한다.

더 알아보기

비타민, 무기질, 식이섬유가 많으며 소화가 잘 되고 면역력 향상에 효과가 있다. 크게 두 종류로 품종을 나누면 포슬포슬한 것과 찰진 것으로 나눌 수 있는데, 조리 용도에 맞게 선택한다. 껍질을 벗긴 후 변색을 막기 위해 물에 담가둔다. 말린 감자는 물에 담가 불려 물기를 빼고 오일을 뿌려 오븐에서 굽거나 그대로 튀기거나 국을 끓여 섭취한다.

싹이 난 녹색 부분은 먹어도 될까?

싹과 녹색 부분에는 솔라닌 독소가 있어 덜 익은 경우 섭취하면 안 된다. 스펀지 등으로 잘 씻어 싹을 도려내고 녹색 부분도 두껍게 잘라낸다.

추천메뉴 쇠고기 감자국

고구마

제철 : 9~11월 **원산지 :** 한국

감자보다 2배 많은 식이섬유로 변비 해소에 좋으며, 비타민 C와 폴리페놀 성분이 면역력 강화에 효과적이다.

고르는 요령

껍질에 윤기가 있고 매끈한 것이 좋다. 잔뿌리가 적고 고르며, 불록하게 둥근 것을 고른다.

보관 방법

상온

보관 기간 : 1개월. 12~15℃의 통풍이 잘 되는 실내에서 신문지에 1개씩 싼 후 바구니에 넣어 보관한다.

냉동

보관 기간 : 1개월. 껍질을 벗겨 쪄서 으깬 후 식혀 냉동용 지퍼백에 펴 넣어 소포장으로 보관한다. 조림하여 냉동 보관한다.

건조

보관 기간 : 1개월. 쪄서 껍질을 제거하여 세로로 얇게 자른 후 1주 정도 소쿠리에 펴서 말린다.

보관 TIP −10℃ 이하의 온도에서는 썩거나 쓴맛이 난다.

더 알아보기

고구마가 많을 경우에는 골판지 상자에 신문을 깔고 고구마를 나란히 놓고 그 위에 신문지를 덮어 냉암소에 보관한다. 상온에서 20℃를 넘으면 발아하므로 처음에는 상온 보관하고 따뜻해지면 도중에 채소실에서 보관한다. 냉장고에 고구마를 넣어두면 고구마의 당분이 녹말로 바뀌어서 달콤한 맛이 줄어든다. 후숙을 위해 수확 후 1~2주 상온에 두는 것이 좋다.

냉동 고구마 해동법?

으깨서 냉동 보관한 고구마는 전날 냉장실로 옮겨 자연 해동하거나 전자레인지에서 해동하고 다시 가열하면 말랑해진다.

추천메뉴 고구마칩

토란

제철 : 9~12월 **원산지 :** 한국

염분을 배출하는 칼륨이 많아 고혈압을 억제하며 위궤양 예방과 뇌세포 활성화 역할을 한다.

고르는 요령

흙이 묻어있고 약간 축축하며, 무늬가 같은 간격으로 뚜렷한 것이 좋다. 알맹이가 단단하고 둥근 타원 모양이며 껍질에 상처나 갈라진 부분이 있는 것은 피한다.

보관 방법

상온

보관 기간 : 1개월(냉암소). 골판지 상자에서 흙이 묻은 채 뚜껑 없이 보관한다.

냉장

보관 기간 : 2개월. 저온에 약하므로 냉장 보관 시 채소실에서 보관한다.

냉동

보관 기간 : 1개월. 껍질을 벗기고 둥글게 썰어 날것 그대로 지퍼백에 보관한다.

건조

보관 기간 : 1개월. 껍질을 벗겨 둥글게 자른 후 물에 흔들어 물기를 뺀 후, 소쿠리에 3일 정도 펴서 말린다.

보관 TIP 토란을 흙에 묻으면 냉암소에 둔 것보다 오래 보관이 가능하다. 손이 많이 가는 토란은 말려 보관하여 필요시 국물에 그대로 끓이면 편리하다. 냉동된 토란은 전자레인지에서 해동한 후 사용한다.

더 알아보기

흙을 제거하기 위해 흐르는 물에 표면을 문질러서 잘 씻어내고, 껍질을 제거해 판매하는 것은 소금을 뿌려 문질러 물에 잠시 담갔다가 깨끗이 씻어 사용한다. 토란의 끈적한 물질은 뇌세포 활성화와 암세포 증식 억제 작용을 하는 갈락탄이라는 성분으로 탄수화물과 단백질이 결합한 물질이다. 점성 물질에는 변비 해소에 효과적인 무틴도 함유되어 있다.

토란의 독성 성분?

토란에는 호모젠티스산과 옥살산칼슘이 있어 소금물에 담그거나 삶아서 섭취한다. 날것으로 먹거나 덜 익히면 알레르기가 생긴다. 수산 석회 함량이 높아 몸속에 축적될 경우 결석을 유발한다.

추천메뉴 토란국

심플하고 똑똑한 식재료 보관법

07

가공식품

곤약, 어묵,
무말랭이, 말린 새우, 가쓰오부시,
파슬리, 바질, 로즈메리, 페퍼민트,
밀가루, 차

곤약

제철 : 일 년 내내 **원산지 :** 한국, 일본

수분이 98%로 열량이 낮아 다이어트에 효과적이다. 식이섬유인 글루코만난(glucomannan)이 많아 변비 예방과 칼슘 공급원으로 좋다. 세라마이드(ceramide) 성분은 피부 보습과 미백에 효능이 있다.

고르는 요령

탄력이 있고 너무 부드럽지 않아야 한다. 부피가 줄어 단단한 것은 오래되어 수분이 날라간 것이므로 고르지 않도록 한다.

보관 방법

상온

보관 기간 : 식품 표시 유통기한 참조. 개봉 전에는 냉암소에서 1~3개월 보관한다.

냉장

보관 기간 : 식품 표시 유통기한 참조. 개봉 후에는 냉장실에서 1~3개월 보관한다. 사용 후 남은 곤약은 물을 채운 보관 용기에 넣어 2~3일 동안 냉장 보관이 가능하다.

보관 TIP 봉지 안의 액체는 살균 효과가 있는 석회수이다. 그래서 일반 물에 담가두는 것보다 오래 보관 가능하므로 요리하기 직전에 개봉하도록 한다.

더 알아보기

다이어트식으로 나온 곤약면은 여성에게 인기 있다. 라면이나 파스타보다 열량이 적고 식이섬유, 칼슘을 함유하여 변비 해소, 혈당과 콜레스테롤 수치를 내리는 효과가 있다.

곤약은 다이어트 식품?

곤약은 저열량 식품으로 많이 먹어도 살이 찌지 않을 뿐 아니라 위장에 체류하는 시간이 길어 포만감을 주므로 과식을 억제하는 효능이 있다.

추천메뉴 곤약 볶음

어묵

제철 : 일 년 내내　**원산지 :** 한국, 일본

단백질과 칼슘이 많고 저지방이라 다이어트에 효과적이다.

고르는 요령

원료 및 함량, 유통기한을 확인하여 구입한다. 지방이 걱정되는 경우에는 구운 제품을 선택한다.

보관 방법

냉장

보관 기간 : 꼬치 어묵은 팩째 1~2주, 튀김어묵은 팩째 6일. 개봉 후에는 랩으로 감싼 후 지퍼백에 넣어 1~2일 안에 소비한다.

냉동

보관 기간 : 1~2주. 튀김어묵은 개봉 후 비닐봉지에 밀폐하여 냉동 보관이 가능하다.

보관 TIP 어묵 제품은 시간이 지날수록 식감이 나빠지고 물기가 많아지므로 남은 것은 냉장 보관 후 가능한 한 빨리 소비하는 것이 좋다.

더 알아보기

어묵의 종류에는 으깬 생선살을 대꼬챙이에 입혀 굽거나 찐 대롱 모양의 꼬치 어묵, 생선살에 소금과 조미료를 넣고 잘 섞어 모양을 만들어 찌거나 삶은 가마보꼬(고단백, 저지방, 저열량), 명태 등의 생선살에 양파와 당근 등의 채소를 넣고 튀겨 맛을 낸 어묵 튀김(고단백, 고칼슘, 고열량) 등이 있다.

냉동 어묵 냄새 제거법?

어묵을 끓는 물에 한 번 데쳐서 사용하면 잡냄새가 제거되고 어묵을 튀길 때 썼던 기름기와 냄새를 제거할 수 있다.

추천메뉴 어묵 볶음

무말랭이

제철 : 일 년 내내 **원산지 :** 한국

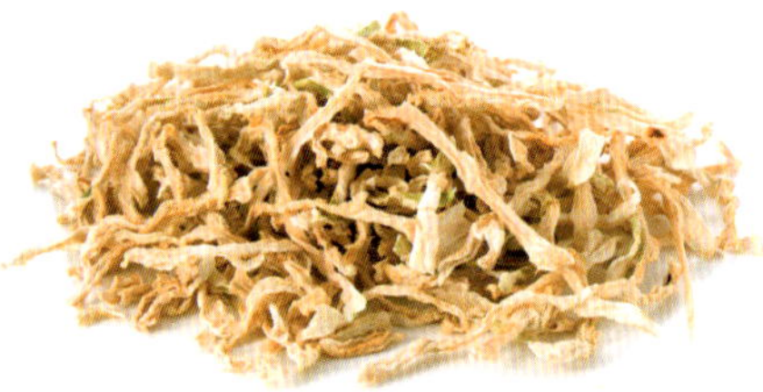

영양가가 농축된 마른 식품의 대표로 칼슘, 칼륨, 식이섬유가 풍부하다. 변비 예방, 골다공증 예방, 노화 방지에 좋다.

고르는 요령

국산 무를 이용하여 말린 것이 좋다. 무에 매운맛이 있고 곰팡이가 피지 않으며, 냄새 없이 잘 건조된 것을 고른다.

보관 방법

상온

보관 기간 : 6개월~1년(냉암소).

냉장

보관 기간 : 식품 포장 유통기한 참조. 개봉 후에는 지퍼백에 넣어 공기를 잘 뺀 후 냉장실에 보관한다.

냉동

보관 기간 : 3개월. 냉동용 지퍼백에 잘 담아 보관한다.

보관 TIP 무말랭이를 말리는 채반은 바닥에 놓지 않고 벽돌 같은 것을 바닥에 덧대어 통풍이 잘 되게 한다.

더 알아보기

개봉 후의 습기나 산화를 막기 위해 냉동 보관한다. 요리 전에 물에 담가 불려서 이용한다.

무말랭이를 쫄깃하게 빨리 불리려면?
설탕물에 불린다.

추천메뉴 무말랭이 무침

말린 새우

제철 : 일 년 내내 **원산지 :** 한국, 중국

풍부한 칼슘 식품으로 골다공증에 효과적이며 고혈압과 성인병 예방에 좋은 타우린이 풍부하다. 껍질 속 키토산 성분은 혈액 내 콜레스테롤을 낮춘다.

고르는 요령

조미료용으로 마른 새우를 고를 때는 크고 색깔이 붉은 것을 고른다.

보관 방법

상온

보관 기간 : 6개월(냉암소). 공기가 들어가면 지방이 쉽게 산패되어 잘 밀봉하여 보관한다.

냉장

보관 기간 : 10일. 공기와 만나면 산패되어 이취가 나므로 밀봉하여 보관한다.

냉동

보관 기간 : 6개월. 개봉 후에는 수분과 지방을 함유하고 있어 냉동 보관한다.

보관 TIP 개봉 후에는 수분과 지방을 함유하고 있어 냉동 보관한다.

더 알아보기

마른 새우를 갈아 만든 조미료는 아욱 된장국, 호박 무침, 버섯볶음, 해물냉채 등에 넣으면 달짝지근한 깊은 맛을 낸다.

마른 새우를 이용한 천연 조미료 만드는 법?

새우의 수염과 뾰족한 다리를 제거한 후 체에 담아 먼지와 부스러기를 털어내 손질한다. 달군 프라이팬에 기름 없이 약한 불에 새우를 2분간 볶거나 구워 수분을 없앤 후, 분쇄기로 갈아서 보관한다.

추천메뉴 새우볶음

가쓰오부시

제철 : 일 년 내내 **원산지 :** 한국, 일본

손질한 가다랑어를 삶아 훈연한 후 곰팡이를 피워 숙성시킨 것으로 감칠맛의 국물을 우려낼 때 사용한다. 세포의 활성화를 촉진하는 이노신산이 풍부해 신진대사를 촉진하고, 성인병 예방에 좋다.

고르는 요령

외포장 상태가 양호하고 육질은 엷은 살색을 띠며 살이 연한 것을 고른다. 국물용과 토핑용이 있다.

보관 방법

상온

보관 기간 : 6개월(냉암소). 서늘하고 통풍이 잘 되는 곳에 보관한다.

냉장/냉동

보관 기간 : 1개월. 소분하여 지퍼백에 넣거나, 지퍼백에 넣은 후 밀폐 용기에 담아 밀봉하여 냉장 또는 냉동 보관한다.

보관 TIP 온도 차에 민감하지 않으므로 냉장고 문쪽 칸에 꽂아두거나 쌓아두면 눈에 잘 띄어 사용하기 편리하다.

더 알아보기

산화하기 쉬우므로 반드시 밀폐 용기에 넣어 보관한다. 우동 국물, 소바의 츠유, 라면 국물 등의 기본 육수인 맛국물을 낼 때 이용한다. 대표적인 철판요리인 오코노미야키, 야키소바 위에 뿌려 먹기도 한다.

가쓰오부시 국물용과 토핑용의 차이점?
국물용은 조금 더 두껍게 가공되어 토핑용으로 사용하면 토핑 시 예쁜 모양으로 춤추는 듯한 하늘거림이 없어 시각적인 만족감이 떨어지고 입안에서의 촉감이 두터워 불쾌감을 줄 수 있다.

추천메뉴 가쓰오부시 카레우동

파슬리

제철 : 봄(3~5월) **원산지 :** 한국, 유럽

β-카로틴이 풍부하고 노화 방지, 피부 미용과 각종 성인병 예방, 구취 예방에 효과적이다.

고르는 요령

싱싱한 것을 고른다. 건조 파슬리는 유통기한 확인 후 구매한다.

보관 방법

상온

보관 기간 : 1~2일. 공기가 통하는 서늘한 곳에서 보관한다.

냉장

보관 기간 : 1주. 키친타월이나 비닐봉지에 넣어 세워서 보관한다.

냉동

보관 기간 : 1개월. 잎만 따서 냉동용 지퍼백에 넣고 보관한다. 냉동한 채 부숴 조리에 사용한다.

건조

보관 기간 : 1개월. 잎과 줄기를 함께 채반에 널어 그늘에서 말린다. 끓이는 요리의 향료로 사용한다.

보관 TIP 생파슬리는 건조를 막기 위해 키친타월에 싸서 냉장 보관한다.

더 알아보기

파슬리는 두 종류가 있는데, 하나는 컬리 리프(curly-leaf)이고 다른 하나는 플랫 리프(flat-leaf)이다. 그 차이점은 생김새가 다르기도 하지만 컬리 리프가 더 쓴맛이 강하여 용도에 따라 사용한다.

파슬리는 단순한 장식용?

파슬리는 향을 이용하여 샐러드, 수프, 생선 요리, 육류 요리의 향신료로 쓰이며, 노화 방지, 피부 미용, 혈액순환, 성인병 예방 등의 약리 작용 효과도 있다.

추천메뉴 파슬리 토핑 파스타

바질(바실리코)

제철 : 여름~가을(7~9월) **원산지 :** 한국, 유럽

카로틴이 풍부하고 소화 촉진, 진해, 정신 피로에 효과적이다.

고르는 요령

떡잎이 지지 않아 초록이 진하면서 너무 억세지 않은 것이 좋다. 샐러드용은 너무 크지 않고 부드러운 것으로, 피자용은 너무 어리지 않은 것으로 고른다.

보관 방법

상온

보관 기간 : 2~3일. 상온 보관은 권장하지 않는다.

냉장

보관 기간 : 1주. 냉장용 지퍼백에 넣어 채소실에 보관한다.

냉동

보관 기간 : 1개월. 소포장으로 적게 나눠 랩으로 싼 후, 냉동용 지퍼백에 넣어서 냉동실에 보관한다.

건조

보관 기간 : 1개월. 잎을 한 장씩 채반에 펼쳐서 말린 후 밀폐 용기에 넣어 상온에서 보관한다.

보관 TIP 생바질은 건조를 막기 위해 키친타월에 싸서 냉장 보관한다.

더 알아보기

바질은 로즈메리, 애플민트와 함께 가정에서 화분에 길러 신선하게 사용할 수 있다.

바질 페스토 만드는 법?

'페스토(pesto)'는 '찧다', '빻다', '부수다'라는 뜻을 가진 이탈리아어 '페스타레(pestare)'와, 제노바(Genoa) 지역의 방언 '페스타(pesta)'에서 파생된 말이다. 바질 페스토는 바질을 깨끗이 씻어 물기를 잘 말려 마늘, 올리브유, 레몬즙, 소금을 블렌더에 넣어 간 것으로, 소독한 유리병에 담아 냉장 보관한다.

추천메뉴 토마토 바질 피자

로즈메리

제철 : 일 년 내내 **원산지 :** 한국, 유럽

카로틴이 풍부하고 소화 촉진, 진해, 정신 피로에 효과적이다. 살균 소독, 방충 작용, 신경통, 두통 완화의 약리 작용을 한다.

고르는 요령

녹색이면서 향이 강하고, 연한 것을 고른다.

보관 방법

상온

보관 기간 : 2~3일. 공기가 통하는 서늘한 곳에서 보관한다.

냉장

보관 기간 : 1주. 키친타월에 싼 후 냉장용 지퍼백에 넣어 세워서 보존한다.

건조

보관 기간 : 1개월. 가지를 거꾸로 하여 그늘에서 말린다. 마르면 잎이 떨어지므로 종이봉투를 밑에 받쳐 말린다.

절임

보관 기간 : 1개월. 신선한 상태나 말린 상태로 올리브유에 절인다.

보관 TIP 말리거나 오일에 절여두면 장기 보관이 가능하다.

더 알아보기

올리브유에 로즈메리를 우려내어 향긋하고 영양가 높은 오일을 만들어 보존성을 높인다. 그대로 빵을 찍어 먹거나, 샐러드, 파스타 요리에 활용하거나, 채소와 고기의 마리네이드(marinade)에 이용한다.

로즈메리 향의 효과?
로즈메리 향은 정신 피로에 효과적으로 주의력, 집중력, 기억력을 증진시키는 효과가 있다.

추천메뉴 로즈메리 오일

페퍼민트

제철 : 여름~가을(6~9월) **원산지 :** 한국, 유럽

진정 작용이 있어 편두통, 스트레스 해소에 효과적이며 해열, 항통증, 졸음 방지와 소화불량에 탁월하다.

고르는 요령

생페퍼민트는 신선한 잎을 고르고, 건조시킨 것은 보관 기간을 확인한 후 구매한다.

보관 방법

상온

보관 기간 : 2~3일. 상온 보관은 권장하지 않는다.

냉장

보관 기간 : 1주. 키친타월에 싼 후 비닐봉지에 넣어 냉장 보관한다.

냉동

보관 기간 : 1개월. 소포장으로 나누어 랩으로 싼 후 냉동용 지퍼백에 넣어 공기를 빼서 보관한다.

건조

보관 기간 : 1개월. 잎끝을 따서 말린다. 뭉쳐서 말리면 곰팡이가 생기므로 펼쳐서 말린다.

절임

보관 기간 : 1개월. 유리병에 꿀과 함께 넣어 보관한다.

보관 TIP 오일로 만들어 보관하면 사용에 편리하다.

더 알아보기

꿀에 절이거나 허브티로도 마신다. 절인 페퍼민트는 홍차나 디저트로 사용한다.

민트의 종류?

민트는 페퍼민트, 스페어민트, 애플민트, 페니로열민트 등이 있으며, 그중 페퍼민트는 차로 즐겨 먹으며, 약초로도 많이 사용된다. 다른 민트보다 톡 쏘는 향과 맛이 강해 다용도로 사용되며, 뒷맛이 깔끔하기 때문에 다양한 음식에 활용된다.

추천메뉴 페퍼민트 차

밀가루

제철 : 일 년 내내 **원산지 :** 한국, 미국, 호주, 캐나다

밀을 빻은 가루로 빵, 국수 등의 재료이다. 글루텐 함량에 따라 강력분, 중력분, 박력분으로 구분한다.

고르는 요령

용도에 따라 선택하고, 유통기한을 확인한 후 고른다.

보관 방법

상온

보관 기간 : 박력분과 중력분은 1년(냉암소), 강력분은 6개월(냉암소). 밀폐 용기에 봉투째 넣어 냄새와 습기를 차단하여 보관한다.

냉장

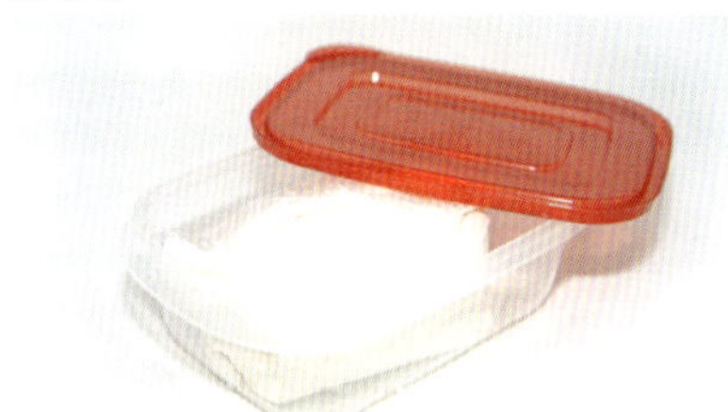

보관 기간 : 1~2개월. 한 번 개봉한 후에는 밀폐 용기에 넣어 냉장 보관한다.

보관 TIP 개봉한 후에는 산화나 습기를 피할 수 있도록 밀폐 용기나 지퍼백에 넣어 보관한다.

더 알아보기

빵이 부풀지 않는 이유는 오래된 밀가루의 효소나 공기 중의 산소 영향으로 단백질의 질이 떨어져 글루텐 형성이 잘 되지 않아서다. 강력분은 글루텐 함량이 12~14%이며, 주로 제빵에 사용한다. 중력분은 글루텐 함량이 10% 정도로 국수, 면, 만두피의 주재료이다. 박력분은 글루텐 함량 8~10%로 케이크나 제과, 튀김요리에 이용한다.

밀가루로 만든 음식은 쌀에 비해 좋지 않은 해로운 음식?

밀가루는 비만의 원인으로 지목되고 있는데, 그 이유는 대규모로 생산하는 정제 밀가루가 쌀이나 보리보다 열량이 낮지만 빨리 소화 흡수되어 공복감을 느끼면서 혈당지수(glycemic index)가 높아지기 때문이다.

추천메뉴 도넛

차

제철 : 일 년 내내　**원산지 :** 한국, 중국, 일본

폴리페놀, 카테킨, 엽록소를 함유하고 있으며 항암 효과, 콜레스테롤 저하, 혈당 저하, 충치 예방에 도움을 준다.

고르는 요령

제조일자를 확인하고 차 고유의 냄새와 향을 가진 것을 고른다.

보관 방법

상온

보관 기간 : 식품 포장 유통기한 참조.

냉장

보관 기간 : 녹차는 2주, 홍차는 1개월. 개봉 후에는 지퍼백, 밀폐 용기, 캔이나 병에 넣어 냉장 보관한다.

냉동

보관 기간 : 녹차는 3개월, 홍차는 1년. 소포장으로 병에 넣어 밀폐하여 보관한다.

보관 TIP 공기와의 접촉에 의해 산화를 방지하고, 냄새를 흡수하지 않도록 밀봉하여 보관한다.

더 알아보기

원두 커피는 소량 구매하여 가능한 한 1주일 내 소비한다. 원두는 마시기 직전에 분쇄하여 마시는 것이 향미가 좋다. 커피 가루 보관은 산패로 인하여 향미가 떨어진다.

녹차의 건강 기능 효과?

탄닌 성분은 호흡기를 통해 들어오는 중금속을 침전시켜 배출하는 효과를 가졌다. 카테킨은 과산화지질을 억제하여 노화를 방지하는 데 효과적이다.

추천메뉴 녹차

심플하고 똑똑한 식재료 보관법

08

양념류

마늘, 대파, 생강, 표고버섯,
참깨, 잣, 은행, 대추

마늘

제철 : 봄~여름(5~7월) **원산지 :** 한국, 중국

비타민 B군, 칼륨, 알리신, 다양한 유황 화합물을 함유한다. 살균 · 항암 효과, 항균 작용, 빈혈 · 저혈압을 개선한다.

고르는 요령

외피는 하얗게 건조해 싹이 나지 않는 것을 고른다. 한 쪽 한 쪽의 크기가 균일하고 굵으며, 볼록하고 단단하며 무거운 것을 고른다.

보관 방법

상온

보관 기간 : 1개월. 망에 넣어 통풍이 잘 되는 냉암소에 매달아 보관한다.

냉장

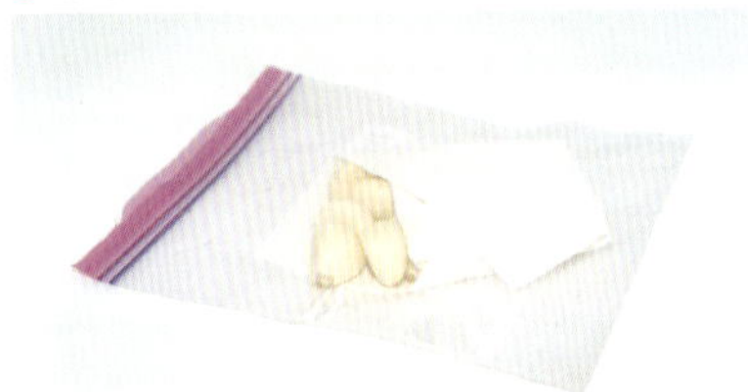

보관 기간 : 1~2개월. 통째로 또는 쪽을 내어 키친타월에 싼 후 비닐봉지에 넣어 냉장실에 보관한다.

냉동

보관 기간 : 1개월. 얇게 슬라이스하거나 갈아서 작게 나눈다. 그것을 랩으로 감싼 후 냉동용 지퍼백에 넣어 보관한다.

절임

보관 기간 : 1년. 통고추와 함께 올리브유에 절인다. 습기나 건조를 막고 곰팡이와 산화를 방지한다.

보관 TIP 자르거나 간 냉동 마늘은 사용 전에 냉장실에서 해동해서 쓰거나, 해동하지 않고 그대로 요리에 활용한다.

더 알아보기

마늘은 알리신 성분에 의해 강력한 냄새를 내며, 항균, 살균, 해독 작용으로 몸을 보호한다.

마늘의 농약?

마늘은 외피와 얇은 내피의 이중 껍질로 둘러싸여 있어 농약으로부터 안심할 수 있는 농산물이다.

추천메뉴 마늘 드레싱 소스

대파

제철 : 겨울(11~2월) **원산지 :** 한국, 중국

녹색 잎 부분은 β-카로틴, 비타민 C, 비타민 K, 칼슘 등이 풍부하며 스테미너 강화에 좋다.

고르는 요령

잎끝 부분에 녹색이 선명한 것을 고른다. 하얀 부분은 굵기가 균일하고 곧으며 잎끝까지 곧게 뻗은 것을 고른다.

보관 방법

상온

보관 기간 : 1주. 흙이 묻은 상태로 신문지에 싸서 냉암소에 보관한다. 종이백이나 빈 상자에 세워 보관한다.

냉장

보관 기간 : 1주. 냉장실에 넣기에 적당한 길이로 잘라 나눈 후 랩으로 싸서 세워 보관하거나 키친타월로 통째로 싸서 냉장실에 보관한다.

냉동

보관 기간 : 1개월. 잘게 썰기나 어슷썰기로 썰어 보관하면 사용하기 편리하다. 소분하여 랩으로 싸거나 냉동용 지퍼백에 넣어 보관한다.

건조

보관 기간 : 1개월. 어슷썰거나 잘게 썰어 채반에 펼쳐 말리다가 도중에 뒤집어서 2~3일 정도 말린다.

보관 TIP 비닐봉지에 넣어두면 물러져 상하기 쉬우므로 봉지에서 꺼내 랩이나 키친타월로 싸서 보관한다.

더 알아보기

출하 시 외피를 벗기지만 한 번 더 벗겨 외피를 흐르는 물에 문질러 잘 씻는다. 양념으로 사용할 때에는 잘게 썬 다음 다시 물에 흔들어 씻으면 보다 안심할 수 있다.

싱싱한 파 보관법?

물이 묻으면 빨리 물러지므로 씻지 않고 간단하게 손질하여 보관한 후, 사용 직전에 흐르는 물에 씻어서 사용한다.

추천메뉴 골뱅이 무침

생강

제철 : 여름(햇생강은 6~8월) **원산지 :** 한국, 중국

냉증과 혈류를 개선하는 효과, 살균과 발한 작용 효능이 있다. 몸속 노폐물과 독소 배출에도 탁월하며 관절염에 특별한 효과가 있다.

고르는 요령

전체적으로 윤기가 있고 황금색을 띠며 둥근 무늬가 같은 간격인 것이 좋다. 모양이 둥글고 팽팽한 것을 고른다.

보관 방법

상온

보관 기간 : 2주. 1개씩 신문지에 싼 후 바구니에 담아 통풍이 잘 되는 냉암소에 보관한다.

냉장

보관 기간 : 1~2주. 냉장고의 냉기와 건조를 방지하기 위해 통째로 키친타월에 싸서 지퍼백에 넣어 채소칸에서 보관한다.

냉동

보관 기간 : 1~2개월. 통째로, 또는 한 토막씩 잘라서 채 썰거나 갈아서 보관한다. 또한 적은 양으로 나누어 랩으로 싼 후 지퍼백에 넣어서 냉동 보관한다.

건조

보관 기간 : 3개월. 말리면 생강의 효능이 상승한다. 얇게 썰어 소쿠리에 펼쳐놓고 2일 정도 말린다.

절임

보관 기간 : 1개월. 설탕을 넣은 식초(감식초), 간장이나 된장에 절여서 냉장실에 보관한다.

보관 TIP 생강은 울퉁불퉁하므로 수세미나 솔로 잘 씻어 보관한다.

더 알아보기

얇은 막을 벗겨 사용하면 위생적으로 안심할 수 있다. 통째로 얼린 생강은 해동하지 않고 얼린 상태로 사용한다. 잘라 냉동한 것은 요리에 그대로 사용한다.

생강 껍질 제거법?

생강은 껍질을 벗기지 않고 신문지에 싸서 냉장고에 보관한 후 꺼내 쓰기 전에 벗기면 표피 부분과 속이 건조하여 껍질을 쉽게 벗길 수 있다.

추천메뉴 생강차

표고버섯

제철 : 봄(3~5월), 가을(9~11월) **원산지 :** 한국, 중국

칼슘의 흡수를 돕는 비타민 D가 풍부하고, 말리면 맛도 풍미도 좋아진다.

고르는 요령

자루 부분이 굵고 통통하며 갓이 피어 있지 않고 안쪽에 흰 막이 있는 것이 좋다. 갓의 표면이 다갈색인 것을 고른다.

보관 방법

냉장

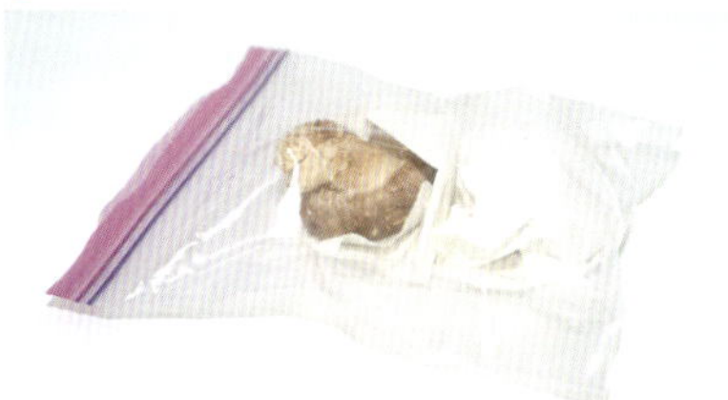

보관 기간 : 1주. 냉기와 건조를 방지한다. 주름이 위를 향하게 해서 비닐봉지에 넣고 봉지 끝을 가볍게 봉해 냉장실에서 보관한다.

냉동

보관 기간 : 1개월. 통째로 냉동한다. 밑뿌리를 잘라내고 살짝 데친 후 냉동용 지퍼백에 넣어 냉동한다.

건조

보관 기간 : 1개월. 자르거나 잘게 떼어 소쿠리에 펼쳐 3일 정도 말린다. 말리면 비타민 D가 증가한다. 건조 정도에 따라 맛의 차이가 있다.

보관 TIP 버섯은 기본적으로 무농약 재배가 대부분이다. 뿌리 쪽을 떼내기만 하면 되지만 더러우면 키친타월로 가볍게 닦은 후 보관한다.

더 알아보기

주름이 위를 향하게 보존하는 것이 좋다. 주름이 아래로 향하면 포자가 떨어져 갓이 거무스름하게 변한다. 냉동하거나 말릴 때도 주름이 위로 가도록 주의한다. 건조 시 습기가 차지 않도록 통풍에 신경 쓴다.

표고버섯의 갈변?

갈변한 표고버섯은 설사와 구토를 유발할 수 있으므로 가능한 한 식용을 피한다.

추천메뉴 표고버섯 돌솥비빔밥

참깨

제철 : 8~9월 **원산지 :** 한국, 중국

강력한 항산화 작용을 하는 비타민 E와 리놀레산이 풍부하다. 불포화지방산과 필수아미노산은 동맥경화와 고혈압 등의 성인병 예방에 좋다.

고르는 요령

냄새가 나지 않고 눅눅하지 않으며 크기와 색이 일정한 것을 고른다.

보관 방법

냉장

보관 기간 : 개봉 후 2개월. 습기에 약한 식재료이므로 개봉 후에는 밀폐된 보관 용기에 넣어 냉장실에 보관한다.

냉동

보관 기간 : 3개월. 밀봉하여 냉동용 지퍼백에 소량으로 나누어 보관한다.

보관 TIP 습기나 산화를 막기 위해 밀폐 용기에 넣어 냉장 보관한다. 먹을 때마다 바로 찧거나 갈아서 사용하면 더욱 고소하다.

더 알아보기

시중에는 양념으로 먹기 좋도록 볶은 참깨도 판매되며, 볶은 참깨를 빻아서 소금을 약간 넣은 깨소금도 판매되고 있다. 볶지 않은 참깨는 껍질이나 돌 등의 불순물을 골라내고 물에 여러 번 헹구면서 씻는다.

참깨 볶는 법?

참깨를 물에 씻을 때 물 위에 떠오르는 것이 다 쭉정이는 아니므로 체에 잘 걸러 가면서 헹궈 1시간 정도 물기를 뺀다. 물기 뺀 참깨를 넓은 프라이팬에서 갈색이 나면서 통통해지도록 볶는데, 엄지와 검지로 문질러 비벼서 으깨지면 다 볶은 것이다. 식혀서 밀폐 용기에 넣어 냉장 · 냉동 보관하고 그때그때 갈아서 사용한다.

추천메뉴 참깨엿강정

잣

제철 : 일 년 내내 **원산지 :** 한국, 중국

해송자, 백자, 송자, 실백이라고도 한다. 지방, 단백질, 비타민 B군이 다량 함유되어 있다. 빈혈 예방과 피부 탄력 기능에 효과가 있다.

고르는 요령

알이 굵고 색이 좋은 것을 고른다. 잣을 손에 들고 냄새를 맡아보아 찌든 냄새가 나는 것은 산패한 것으로 피해야 한다.

보관 방법

냉장

보관 기간 : 6개월. 밀폐 용기에 담아 냉장 보관한다.

냉동

보관 기간 : 1년. 냄새가 배지 않게 밀폐 용기에 담아 냉동 보관한다.

보관 TIP 실온 보관하면 산패되고, 곰팡이 오염으로 인해 발암물질인 아플라독신에 노출된다.

더 알아보기

잣이 오래되면 산패되어 하얀색이 투명해지며 고소한 맛이 떨어진다. 찌든 내 나는 것은 산패된 것이므로 폐기하도록 한다. 잣은 주로 고명으로 사용한다. 음식 위에 뿌리거나 수정과나 차에 넣는다.

잣의 알레르기 반응?

다른 견과류와 마찬가지로 알레르기 반응을 일으킬 수 있다. 지방 함량이 많아 과하게 섭취하면 복통의 우려가 있다.

추천메뉴 잣죽

은행

제철 : 일 년 내내 **원산지 :** 한국

탄수화물, 단백질, 인과 칼륨이 함유되어 있다. 항암 효과, 천식 완화, 탈모 예방, 면역력 증진, 노화 방지 효과가 있다.

고르는 요령

알의 크기는 작아도 속살이 파랗고 씹으면 쫄깃한 재래종이 맛있다. 노란 것은 개량종이나 오래 묵은 것 또는 수입품이므로 피한다.

보관 방법

냉장

보관 기간 : 1개월. 은행은 용도에 맞게 껍질을 까거나 껍질째로 냉장 보관할 수 있다. 껍질을 까지 않은 은행은 소분하여 지퍼백에 담아 냉장 보관한다. 껍질을 깐 은행의 경우 완전히 건조한 후 냉장 보관해야 한다.

보관 TIP 껍질을 까서 곱게 분말로 만들어 가루 : 꿀 비율을 2 : 1의 비율로 혼합하고 밀폐한 후 냉장 보관하면 차로 복용할 수 있다.

더 알아보기

은행에는 계절적으로 맹독성 청산 화합물이 있어 중독되면 중추신경 마비를 일으킬 수 있다. 은행을 한꺼번에 많이 먹거나 날로 먹으면 좋지 않다. 불에 익혀 먹으면 독성이 줄어든다.

은행 껍질 쉽게 까는 법?

최대 하루 정도 물에 불린 후 빈 우유갑에 넣고 뚜껑을 닫아 전자레인지에서 1~2분 정도 돌리면 껍질을 쉽게 까서 섭취할 수 있다.

추천메뉴 은행 구이

대추

제철 : 10월(생대추)/일 년 내내(건대추) **원산지 :** 한국, 중국

단백질, 탄수화물, 유기산, 칼슘, 인과 철분이 함유되어 있다.

고르는 요령

생대추는 육안으로 봤을 때 적당히 굵고 윤기가 나는 것이 좋고, 건대추는 주름이 고르며 살짝 눌렀을 때 탄력이 느껴지는 것이 좋다. 국내산은 대부분 꼭지가 붙어있고 과육과 씨가 잘 분리되지 않는데 판별이 어려우면 생산지를 확인하고 고른다.

보관 방법

상온

보관 기간 : 식품 표시 유통기한 참조. 공기 구멍이 나 있는 지퍼백 포장 상태로, 직사광선을 피하고 통풍이 잘 되며 건조한 곳에 보관한다.

냉장

보관 기간 : 건대추는 24개월, 생대추는 20일. 지퍼백이나 비닐봉투에 넣어 밀봉 보관한다.

냉동

보관 기간 : 3년. 겨울을 제외한 계절에는 밀폐 용기에 소량씩 넣어 보관한다.

보관 TIP 건대추는 베이킹소다로 잘 문질러 씻고, 따뜻한 물에 베이킹소다를 담근 후 헹궈, 전자레인지에 30초 돌리면 주름이 펴지고 불순물이 제거된다.

더 알아보기

건대추는 크기에 따라 왕초, 별초, 특초, 상초로 구분된다. 대부분의 판매 건대추는 특초로 다과, 차, 찜, 약밥 등 일상의 다용도로 활용된다. 특초보다 큰 별초와 왕초는 명절 차례용으로 알맞다. 경산 대추는 '지리적 특산품' 표시가 등록된 최초의 대추이다.

건대추 끓일 때 떠오르는 흰색이 무엇일까?

건대추를 베이킹소다로 잘 문질러 씻고 헹궈 물에 끓일 때 기름 같은 흰 결정이 떠오르는데, 이는 대추 속의 사포닌 성분이다. 사포닌은 인삼과 도라지에 많이 들어있는 성분이다. 사포닌은 콜레스테롤을 감소시키며, 가래 기침을 억제하고, 면역력을 향상시킨다. 또한 신경을 안정시키고 불면증 개선에 효과적이다.

추천메뉴 대추차

그 외 양념류

소금

상온

보관 기간 : 무기한

밀폐 용기에 넣어 냉암소에 보관한다. 굳었다면 랩으로 싸지 않고 전자레인지에서 15~20초 가열한다.

설탕

상온

보관 기간 : 무기한

밀폐 용기에 넣어 냉암소에 보관한다. 설탕이 굳었다면 물을 뿌려 밀폐하여 보관한다.

간장

상온, 냉장

보관 기간 : [상온] 1년 반(냉암소)
[냉장] 1개월

개봉 후에는 냉장실에 넣어 보관하고, 개봉 전에는 냉암소가 최적이다. 큰 간장 병에 든 간장은 간장 그릇에 옮겨서 사용한다.

된장

상온, 냉장

보관 기간 : [상온] 3~6개월(냉암소)
[냉장] 2개월

공기에 접하면 질이 떨어진다. 개봉 후 밀폐 용기에 넣어 냉장 보관한다. 사용할 때마다 표면을 평평하게 누르고 랩으로 잘 덮어준다.

미림(요리용 술)

상온, 냉장

상미 기간 : 1년 반(냉암소)
보관 기간 : 냉암소 · 냉장실에서 3개월
개봉 후에는 병에 든 미림을 냉암소에 보관한다.

식초

상온, 냉장

상미 기간 : 2년(냉암소)
보관 기간 : 개봉 후 6개월
개봉 후에는 뚜껑을 닫아 냉암소에 보관한다. 즙을 짜서 만든 식초는 냉장 보관한다.

마요네즈

상온, 냉장

상미 기간 : 10개월(냉안소)
보관 기간 : 개봉 후 냉장실에서 1개월
튜브 안의 공기를 빼서 산화를 방지한다. 개봉 후에는 냉장실에 보관한다.

고추장

상온, 냉장

상미 기간 : 9개월~1년(냉암소)
보관 기간 : 개봉 후 냉장실에서 2개월
시판하는 고추장은 보관료가 들어 있으므로 개봉 후에는 마개를 덮어서 냉장 보관한다.

토마토케첩

상온, 냉장

상미 기간 : 1년 반~2년
보관 기간 : 개봉 후 냉장실에서 1년 반~2년
개봉 후에는 냉장실에 보관한다. 표면에 물이 나오면 잘 흔들어 사용한다.

카레 가루

상온, 냉장

상미 기간 : 1년 반(냉암소)
보관 기간 : 개봉 후 냉장실에서 3개월
개봉 후에는 랩으로 감싼 후 지퍼백에 넣어 냉장 보관한다.

레몬즙

상온, 냉장

상미 기간 : 9개월(냉암소)
보관 기간 : 냉장실에서 1~2주
개봉 후에는 뚜껑을 잘 덮어 냉장실에서 보관해야 맛을 잘 유지한다.

머스터드

상온, 냉장

상미 기간 : 7개월~1년 반(냉암소)
보관 기간 : 개봉 후 냉장실에서 1개월
개봉 후에는 뚜껑을 닫아 냉장실에 보관한다. 분리되면 휘저어 섞어 사용한다.

분말 육수

상온

상미 기간 : 1년(냉암소)
보관 기간 : 개봉 후 냉장실에서 2개월
개봉 후에는 입구를 접어 건조제와 함께 밀폐 용기에 넣어 보관한다.

화학 조미료(미원)

상온

상미 기간 : 무기한(냉암소)
보관 기간 : 개봉 후 무기한
봉지의 경우에는 밀폐 용기에 넣어 보관한다.

꿀

상온

상미 기간 : 상온에서 2년
보관 기간 : 개봉 후 상미 기한까지
보존성이 높으므로 뚜껑을 잘 닫아 밀폐한 다음 상온에서 보관한다.

기름류(식용유 · 참기름 · 올리브유)

상온

상미 기간 : 1~2년(냉암소)
보관 기간 : 개봉 후 1~2개월
공기에 접촉하지 않게 확실하게 뚜껑을 잘 닫아 냉암소에 보관한다.

고기 양념

상온, 냉장

상미 기간 : 1년(냉암소)
보관 기간 : 냉장실에서 2주
개봉 후에는 발효되기 쉬우므로 뚜껑을 잘 닫아 냉장 보관한다.

드레싱

상온, 냉장

상미 기간 : 3~6개월(냉암소)
보관 기간 : 개봉 후 냉장실에서 1개월
개봉 후에는 냉장실에서 보관한다. 가열하지 않은 것은 개봉 전에도 냉장 보관한다.

소스 술

상온, 냉장

상미 기간 : 2년(냉암소)
보관 기간 : 개봉 후 냉장실에서 1~2개월
개봉 후에는 뚜껑을 잘 닫아 냉장 보관한다.

땅콩 버터

상온, 냉장

상미 기간 : 1년 반(냉암소)
보관 기간 : 개봉 후 냉장실에서 2개월
개봉 후에는 뚜껑을 잘 닫아 냉장실에 보관한다.

잼

상온, 냉장

상미 기간 : 2년(냉암소)
보관 기간 : 개봉 후 냉장실에서 1개월
개봉 전에는 상온 보관한다. 개봉 후에는 뚜껑을 잘 닫아 냉장 보관한다.

양념 튜브

상온, 냉장

상미 기간 : 9개월~1년(냉암소)
보관 기간 : 개봉 후 냉장실에서 1개월
튜브 입구를 닦고 공기를 뺀 다음 뚜껑을 덮어 냉장실에서 보관한다.